REFLEXIONES EN TORNO A LA CRÍTICA DEL DISEÑO ARQUITECTÓNICO I

Primera edición 2015

Directorio

Dra. en Arq. María Elena Hernández Álvarez
Directora

Mtra. en Arq. Patricia Barroso Arias
Coordinación de Contenido Editorial
Versión impresa y versión digital en: www.architecthum.edu.mx
Colaboración:
Arq. Milena Quintanilla Carranza

Mtro. en Arq. Federico Martínez Reyes
Coordinación Editorial
Colaboración:
Roberto Israel Peña Guerrero

Mtro. Guillermo Samperio/Rodrigo de Sahagún
Fundación Cultural Samperio, A.C.
Revisión ortotipográfica y de estilo

Ilustración de portada:
Federico Martínez Reyes

©ARCHITECTHUM PLUS S.C.
Díaz de León 122-2
Aguascalientes, Aguascalientes
México CP 20000
libros@architecthum.edu.mx

ISBN 978-607-9137-34-2

Presentación

La construcción de la Teoría de la Arquitectura, que es el sustento de todo diseño arquitectónico, implica un complejo proceso reflexivo y crítico mediante el cual se verifica a distancia y en profundidad la enseñanza y la praxis del oficio de ser arquitecto. Si la Arquitectura, es decir, lo habitable, le concierne a todo ser humano, las premisas de ella misma sólo pueden concebirse de manera transdisciplinaria sustentándose en todos los campos del conocimiento porque, además, es a todos ellos a quien va destinado su servicio.

Asimismo, las manifestaciones del humanismo están asociadas a la conciencia social del hombre y a sus circunstancias existenciales en el mundo, de tal suerte que se deben ir generando consideraciones ontológicas y epistémicas en el plano formativo y profesional para el arquitecto. Por ello, asumir una formación humanista desde sus más altos y nobles ideales, constituye una necesidad cada vez más apremiante en el mundo de hoy; y es esto lo que nos transmite una imagen del arquitecto como persona que piensa, que crea y que produce una arquitectura orientada hacia el bien común.

Actualmente, gracias a esfuerzos de profesores e investigadores de nuestro Programa Académico, como la Dra. María Elena Hernández y de su grupo de colaboradores, proyectos editoriales como esta Colección Arquitectura y Humanidades, hacen posible pensar en una Teoría de la Arquitectura impresa con un sello particular en donde el proceso de enseñanza aprendizaje no se concibe ya como un proceso educativo centrado únicamente en la adquisición de conocimientos y habilidades, sino como un compromiso reflexivo y crítico que reclama un cambio de orientación dirigido a la búsqueda de nuevos nexos y relaciones disciplinares, particularmente aquí con las Humanidades.

Así, validando este enfoque transdisciplinar, se escriben y difunden en este proyecto editorial, colección Arquitectura y Humanidades, ideas artísticas, científicas, éticas, filosóficas, poéticas e históricas, que provienen de numerosas visiones del mundo arquitectónico, sustentadas en ideologías, teorías y posturas que están en correspondencia con las exigencias del mundo contemporáneo.

Es esencial que nuestra Facultad de Arquitectura sea parte de las instituciones educativas que contribuyen a la formación de arquitectos conscientes y reflexivos para que esto nos permita, no solamente vivir en el mundo actual, sino además, transformarlo de manera transdisciplinaria para la sustentabilidad y sostenibilidad que el futuro nos demanda.

Así, la Colección Arquitectura y Humanidades nos convoca a la reflexión filosófica que comprende a la arquitectura desde su núcleo, el hombre, y al arquitecto como el profesional dotado de razón, de conocimiento y de capacidad para construir, pensar y diseñar lugares de verdadera calidad habitable.

Sabemos que este proyecto editorial queda establecido para ser puerta abierta permanente a las colaboraciones de quienes consideren el trabajo transdisciplinario como una fuente necesaria para validar, hoy más que nunca, las pautas de diseño de los espacios que los seres humanos habitamos.

Mtro. en Arq. Alejandro Cabeza Pérez
Coordinador del Programa de Maestría y Doctorado en Arquitectura
Facultad de Arquitectura
Universidad Nacional Autónoma de México
Enero de 2015

Prólogo

La *Colección Arquitectura y Humanidades*, tiene el objetivo de fortalecer los lazos entre ambos campos de conocimiento, ya que uno sin el otro no podrían concebirse. Si comprendemos que, tanto la Arquitectura como las Humanidades conciernen a todo ser humano, es por ello que este proyecto centra su propósito en compartir los esfuerzos de muchas personas por enriquecer los encuentros transdisciplinarios que coadyuvan al compromiso con la calidad de las pautas de diseño de los espacios que habitamos los seres humanos.

En este proyecto editorial presentamos numerosos trabajos de exalumnos y profesores del Seminario y Taller de Investigación *Arquitectura y Humanidades* fundado en 1997 en el Programa de Maestría y Doctorado en Arquitectura de la Universidad Nacional Autónoma de México. A partir de ese año, esta *Colección Arquitectura y Humanidades*, tanto en sus versiones digitales como en la impresa, también se ha visto enriquecida de manera significativa con la generosa colaboración de muchos académicos y profesionales de diversas instancias y países.

Los números de este proyecto editorial se presentan organizados en temáticas generales abiertas para multiplicarse secuencialmente. Los artículos en cada número dan a conocer importantes reflexiones teóricas cuyo interés primordial es contribuir a la formación de investigadores y de docentes, así como el promover la generación y divulgación del conocimiento y la cultura arquitectónica y humanística.

Inaugura la lista de autores el Dr. Jesús Aguirre Cárdenas, quien, además de contribuir con un importante ensayo sobre el tema central de esta Colección, ha otorgado en todo momento su apoyo al proyecto académico *Arquitectura y Humanidades*. Expreso aquí mi profunda gratitud y admiración al Dr. Jesús Aguirre Cárdenas por su confianza a esta propuesta académica editorial y, sobre todo, por su inigualable ejemplo humano a seguir; él siempre abriendo caminos.

Por mi conducto, todos los autores que participamos en esta Colección expresamos nuestra gratitud a las autoridades de la Facultad de Arquitectura de la Universidad Nacional Autónoma de México, especialmente a su Director el Arquitecto Marcos Mazari Hiriart, al Maestro en Arquitectura Alejandro Cabeza Pérez, Coordinador del Programa de Maestría y Doctorado en Arquitectura y al Maestro en Arquitectura Salvador Lizárraga, Coordinador editorial de la Facultad de Arquitectura, por el reconocimiento que otorgan a la trayectoria de los autores que participan en esta *Colección Arquitectura y Humanidades*, así como a la calidad de los ensayos que en ella se presentan.

Finalmente, mi especial reconocimiento a la Maestra en Arquitectura Patricia Barroso Arias y al Maestro en Arquitectura Federico Martínez y a sus colaboradores por las incontables horas de entrega, creatividad, compromiso, liderazgo y confianza a este proyecto editorial.

8

María Elena Hernández Álvarez
México, Distrito Federal , diciembre de 2014

Volumen 13

REFLEXIONES EN TORNO A LA CRÍTICA DEL DISEÑO ARQUITECTÓNICO I

Introducción

FEDERICO MARTÍNEZ REYES

Cualquier arquitecto que haya desempeñado la actividad del diseño de manera reflexiva se ha percatado que las representaciones gráficas con las que comunica se cargan de significaciones que sobrepasan los límites de la simbología y que esa significación le obliga a trazar sus dibujos bajo el amparo de ciertas premisas o postulados -mismos que pueden ser previamente establecidos por individuos ajenos al diseño en curso o impuestos por el mismo que diseña. Estas significaciones valoran la actividad del diseño y le permiten al diseñador juzgar, con cierta distancia, el trabajo producto de esa actividad, sea suyo o no. De esta manera puede emitir juicios, plantear y replantear procesos y agregar valores que a la postre pretenden facilitar la labor del diseño. Así, se pretende dar respuesta a varias interrogantes que nos cuestionan sobre, por ejemplo, cómo valorar lo arquitectónico en un objeto construido, qué elementos tomar en cuenta para generar un diseño de calidad, cómo diseñar estrategias de enseñanza del diseño o cómo evaluar la habitabilidad de un objeto.

Este libro desmenuza algunos de estos temas, aportando premisas de diseño, analizando los trasfondos de las formas construidas, indagando en las aportaciones que generan las instituciones en el ámbito de la reflexión arquitectónico y del diseño arquitectónico y proponiendo alternativas de análisis del diseñar desde disciplinas como la filosofía, con el objetivo de mantener a flote y de propiciar la crítica del diseño arquitectónico.

Perspectivas críticas sobre la enseñanza de la arquitectura

PATRICIA BARROSO ARIAS

1. El problema de la enseñanza en el Taller de Arquitectura

Plantear al Taller de Arquitectura como eje que conjuga diversas actividades educativas o académicas, en principio, nos señala que es posible esta retroalimentación directa o indirecta entre los diversos cursos y contenidos temáticos, y que la actividad o ejercicio del proyecto puede alimentarse de ello; sin embargo, esto en la práctica no sucede así, como lo señala Correal:

> El taller de arquitectura es una de las estrategias pedagógicas más tradicionales en la enseñanza y su didáctica es conocida, ya que se fundamenta en el aprender a hacer de una manera empírica y pragmática en la que los profesores, en su mayoría cuentan con experiencia práctica, pero no tiene formación en pedagogía y didáctica sobre el diseño ("Sobre modelos pedagógicos y el aprendizaje del proyecto arquitectónico", Revista de Arquitectura, 2011, p.80).

De tal manera, que el docente de proyecto reproduce en su enseñanza las prácticas con las que fue formado, una práctica entendida como la acción profesional que abarca la manera en como él proyecta y que es el producto de su experiencia continua, cosas que se reflejan en su hacer docente y en ocasiones se vuelve hacia una práctica sin un proceso reflexivo de la misma. Estas prácticas tanto la docente como el ejercicio profesional, se ven mermadas porque no conducen a una construcción cognitiva sobre el fundamento epistémico del campo disciplinar, mucho menos encontramos propuestas teóricas que vinculen las operaciones prácticas con el campo pedagógico del diseño arquitectónico; y pensamos que la mejor manera de enseñar arquitectura es contratando al autor de renombre que hace arquitectura de "calidad", pero que no sabe cómo "enseñar". Teniendo prácticas docentes, similares al funcionamiento de un despacho de arquitectura, donde el alumno se convierte en el mejor de los casos, en el dibujante de la concepción arquitectónica del docente, limitando así, las decisiones que debería tomar el alumno sobre la forma.

Por otro lado, a los estudiantes de arquitectura comenta Stroeter, se les enseña principalmente a construir o planear cómo construir, pero la formación del arquitecto queda incompleta y es insuficiente si "carece de una visión teórica de las intenciones que rigen las decisiones del proyecto, en todas sus etapas, desde su concepción hasta los detalles finales" (2001, p.16). Esta práctica docente sobre una realidad educativa, nos conduce al territorio de lo desconocido, donde hay mucho trabajo por hacer, métodos formativos que replantear y repensar para que pueda ser factible. "La idea de una enseñanza de la arquitectura parte de su posibilidad, es decir, de pensar la arquitectura como una disciplina y, por ello, transmisible" (Martín, 1997, p.25), en la que se reconocen unos principios o fundamentos básicos que conforman el peso específico de los cuerpos teóricos. La enseñanza tendría que tener esto en cuenta para orientar al alumno en la educación de sus capacidades creativas e imaginarias y, a partir de éstas, genere y comprenda como hipótesis de diseño aquellas intervenciones y propuestas formales que se vinculan a su viabilidad contextual, espacial, compositiva y constructiva.

Al pensar, reflexionar y cuestionar sobre lo que hacemos y cómo procedemos en la enseñanza de la arquitectura se anuncia la inconsistencia que a veces tenemos sobre el hacer y esto nos lleva a considerar que la práctica docente en ocasiones es arbitraria y por ello el alumno genera un lenguaje flotante y vago en fundamento. El conocimiento sobre el sentido de lo arquitectónico y sus condiciones de producción, por su incidencia en la práctica docente mueve los planteamientos en nuestras propuestas de investigación, despierta cuestionamientos y motiva diversas reflexiones sobre ¿Cómo nos enfrentamos a la enseñanza? ¿Cómo podemos entender esta modificación actual que sufre tanto la práctica como la enseñanza de lo arquitectónico? ¿Podemos generar otras estructuras de enseñanza-aprendizaje en el campo?

Y ¿cómo podremos retomar un sistema formativo integral que sea efectivo y viable para los alumnos? En el ámbito académico éste es un problema recurrente y continuamente nos preguntamos ¿cómo generamos las bases pedagógicas sobre la enseñanza de los contenidos disciplinares? Es decir, ¿qué se enseña y cómo se enseña? ¿Cuáles son los objetivos que se buscan en los procesos de enseñanza-aprendizaje? Y ¿Cómo se vincula la enseñanza a la condición práctica? Considerando que en la actualidad ya se ha separado significativamente la producción de la imagen del objeto (arquitectura virtual o digital) de la construcción del mismo objeto y se han generado nuevos nichos laborales.

Pensar en un sistema de enseñanza integral, puede parecernos la construcción de una torre de babel sobre el saber "disciplinar", que pone en riesgo nuestras mismas estructuras del conocimiento, adquiridas, aprendidas, construidas o heredadas, pero aun con este conflicto, entendemos que no se puede continuar sin poner en cuestión nuestra propia experiencia sobre lo que significa para cada uno "la enseñanza de lo arquitectónico" y aunque esto sea un proceso complejo, habrá que intentarlo para promover e impulsar la transmisión y generación de los conocimientos desde los procesos educativos que integran el pensamiento crítico, reflexivo y analítico, y que se derivan de una realidad socio-cultural específica.

La desvinculación teórico-práctica en la enseñanza de las operaciones proyectuales

Como vemos, la ausencia de reflexión quita sentido a las operaciones proyectuales y la falta de práctica torna vacua la reflexión. Nuevamente, hay aquí una implicación mutua: ni se piensa sobre la nada, ni la acción eficiente puede prescindir de una reflexión y una teoría previas, la praxis es verificación y legitimación de la reflexión (Roca, 1999, p.137). En este marco, la enseñanza de lo arquitectónico comporta la formación simultánea y progresiva de esta vinculación teórico-práctica en los ejercicios propuestos para el área de proyecto, contemplando en ello, las actividades mentales para conceptualizar, idear, imaginar y proponer; por ello "la enseñanza es la transmisión de conocimientos teóricos y prácticos" (Roca, Palabras Docentes, "Enseñanza del diseño arquitectónico", 1999, p.137); en términos didácticos, el diseño arquitectónico se enseña a través de su reflexión y de su práctica. Esta propuesta pedagógica, nos lleva a reflexionar en una enseñanza que motiva al alumno a "pensar haciendo", es decir, se busca que desarrolle un pensamiento creativo, analítico, sintético y crítico.

Es aquí donde: el docente debe ser un docente formado, capaz de producir una conducción adecuada en las personas, de modo que tienda a la autogestión. Una medida me parece importante en este sentido: proveer una serie de materiales, instrumentos y técnicas de manera tal que el alumno pueda hacer consciente el proceso del diseño, las etapas que están involucradas y el sentido del proceso proyectual (Roca, 1999, p.137).

Entonces, podemos articular una disciplina que tenga desde su base un fundamento teórico, no sólo de la arquitectura en general, sino que contemple una estructura teórica sobre cada una de las actividades inmersas y nos lleven a la misma indagación teórico-práctica de "la actividad proyectual". En este sentido, el conocimiento sobre lo arquitectónico tendrá que asentarse en fundamentos sólidos y podremos transmitirlos a través de una profunda reflexión teórica y de una acción investigadora que nos llevará a detenernos en los hechos arquitectónicos para comprenderlos, para explicar, analizar y reconocer su constitución. Esta vinculación teoría-práctica se busca porque se cuestiona si un tutor que no genera contenidos teóricos y reflexivos sobre el hacer, podrá hacer un buen trabajo de acompañamiento pedagógico, ya que si no generamos las bases pertinentes y tendientes a resolver problemáticas latentes que aquejan a nuestras sociedades, entonces estaríamos negándonos la puerta de acceso al conocimiento y a la innovación, por consiguiente la misma práctica docente quedaría estancada en patrones de enseñanza obsoletos.

La desarticulación en la enseñanza y la ausencia de la investigación sobre los fundamentos disciplinares.

Otro factor importante que se ha detectado continuamente a través de la experiencia docente y que es una de las problemáticas nodales en la enseñanza de la arquitectura, es la desarticulación y ausencia que hay entre la práctica docente y la investigación, en sí la actividad investigativa no funciona como ese satélite de la docencia, ni viceversa. La universidad en este caso, es un centro docente, no es un centro de negocios, no es un centro corporativo, ni tampoco es un despacho privado de arquitectos, porque la tarea fundamental en ella es enseñar, transmitir, dirigir y acompañar el conocimiento, pero también de generarlo o producirlo, esta situación actual en la academia, como lo enfatiza Morán:

"Entraña el surgimiento de un conjunto de eventos en cuanto a las tareas docentes, que se ha expresado como un deterioro en la calidad académica, pero que en particular se refiere al privilegio de la clase expositiva; escasa de la investigación como retroalimentación de la docencia, como procedimiento de aprendizaje, como praxis pedagógica; con precarias condiciones para la preparación, actualización y profesionalización de la docencia; pocos esfuerzos de innovación docente; y las difíciles condiciones materiales del funcionamiento y operación de la docencia". (*El vínculo de la docencia y la investigación en el trabajo académico de la UNAM*, 2003, p.37).

Todo ello, repercute en nuestro quehacer e innumerables veces nos preguntamos cómo aplicar y generar nuestras estrategias de aprendizaje, cómo producir y reproducir los materiales didácticos y que sean viables para el alumno, es evidente que la docencia tendría que ser un catalizador efectivo de inquietudes, pensamientos y acciones, para motivar principalmente a los estudiantes. Pero, para detonar esto, es claro que el trabajo académico necesita dedicar un tiempo a la investigación, "empero, esta tarea también implica tener perspectiva de la propia investigación, buscar conexiones, construir puentes entre la teoría y la práctica y comunicar el propio conocimiento a los estudiantes" (Morán, 2003, p.39). Entonces, no sólo los resultados, sino los procesos dan significado al esfuerzo, "el estado de estimulación intelectual provocado por esta búsqueda anima a los profesores y revitaliza las instituciones" (Morán, 2003, p.40). Entonces, si el educador no intenta responder y alcanzar esta visión, nadie más lo hará, y las consecuencias de nuestra enseñanza a veces son desastrosas, la aplicación del conocimiento se dirige hacia su objetivo "cuando el académico se pregunta: ¿cómo puede aplicarse responsablemente el conocimiento en la solución de problemas sustantivos? ¿Cómo puede serle útil a los individuos y a las instituciones?" (Morán, 2003, p.40). Es nuestra tarea, vincular la teoría, la historia, la investigación, las tecnologías, las condiciones de la realidad social y cultural, y las características contextuales, ambientales y ecológicas, por mencionar algunas actividades formativas, con la práctica del diseño y buscar una visión más académica que nos lleve a generar, reencontrar y reformular las bases de la misma enseñanza en la arquitectura.

Esta problemática que para Morán es muy clara y que hace el hincapié en la docencia conjugada a la investigación, implica que el docente investigue y articule los conocimientos detallados y profundos sobre sus prácticas educativas para instrumentar un cambio en las concepciones de lo que transmite, es una opción para la profesionalización de la docencia en la arquitectura, ya que promueve el estudio constante de los contenidos, procesos y estrategias que se presentan en el aula, en donde el alumno puede tener una función activa dentro de su proceso de enseñanza-aprendizaje. En este caso, es pertinente promover la discusión sobre la enseñanza de la arquitectura a través del proyecto para retomar, replantear o reformar las prácticas educativas dominantes y poder reformular la viabilidad de las propuestas pedagógicas, evolucionarlas, transformarlas y actualizarlas.

Así, Morán nos deja la tarea de pensar en aspectos pedagógicos, estrategias didácticas, contenidos de la enseñanza y procesos de evaluación, entre otros temas tan relevantes del quehacer académico y de los que pocas veces nos ocupamos. Esta vinculación de la investigación como una acción integradora del conocimiento, promueve y estimula la capacidad reflexiva del profesor e induce a los alumnos en la disciplina, aunque se contemplen como dos actividades profesionalizantes, la investigación resulta ser la función sustantiva de la docencia, ya que ésta le da sentido y nos invita a adquirir primero los conocimientos para luego enseñarlos y divulgarlos. Como vemos, esto no se trata de la enseñanza de la investigación, sino de aprender los contenidos disciplinares mediante la investigación, así el papel que desempeña el docente, en este caso, se sumerge en el marco de una propuesta pedagógica que tiene por objetivo formar un arquitecto para que pueda ser un profesional y sus respuestas ante los retos de la praxis tendrán que ser un correlato de un producto teórico-práctico. Como lo manifiesta Morán, "el maestro debe buscar la mejor manera de organizar el contenido para que sea entendible y aprehensible por los estudiantes. Así, buscará las novedades" (2003, p.13).

Este es un cometido que nos implica muchas tareas, desde interpretar el trasfondo que tiene un proyecto, de conocer su contenido a través de la lectura de la imagen, de comprender su desarrollo, de acompañar el proceso de las propuestas formales y compartir con los alumnos, una manera de entender lo arquitectónico. Por eso, es importante acudir a la investigación y a la teoría como los aliados del hacer docente, ya que en la reflexión sobre la conformación del proyecto y el manejo de sus contenidos, podremos conocer y entender la manera en cómo enseñamos, esto nos ayuda a distinguir qué conocimientos transmitimos y con qué finalidad. La docencia en este sentido, se convierte en una práctica activa que reflexiona en el hacer, porque tenemos la tarea de pensar cómo configuramos la imagen formal a través del proyecto y transmitir al alumno su metodología o su proceso a través de una estrategia de enseñanza. Y cuando pensamos en esto, es necesario conjugar la observación, la capacidad de análisis, la comparación y la explicación de todo lo que pudiera involucrarse en la actividad proyectual para llegar a una explicación sobre la manera en cómo concebimos y configuramos lo arquitectónico por medio de la imagen, comprometiéndonos a estudiarla a través de sus partes, de conocer cómo se sintetizan los factores y contenidos que la generan y descubrir los nexos que unen y relacionan a la materialidad arquitectónica para detonar su expresión; con ello, no se busca establecer un método proyectual, sino que se busca, a partir del entendimiento del proyecto y de su generación, reconocer los valores o aspectos cualitativos y cuantitativos que se involucran para poder articularlo y definir cómo se construyen los sistemas formales que muchas veces observamos, pero que pocas ocasiones conocemos.

Como vemos, si no hay esa permeabilidad de la investigación hacia la enseñanza, el conocimiento queda desarticulado y se percibe como ausente porque no se transmite y llega al aula, de tal suerte que el estancamiento del mismo ejercicio docente le niega las posibilidades al alumno de comprender y conocer lo que

21

por otros medios de comunicación masivos adquiere. En nuestra tarea es ya indispensable comprender que tanto en el ámbito de la producción del objeto arquitectónico como en el ámbito académico y de la docencia, se integran aspectos más complejos en el aprendizaje y adiestramiento de habilidades inmersas en el proceso del diseño, ya que van evolucionando las nociones, los conceptos, los procedimientos, los métodos, las prácticas y las mismas referencias disciplinares; como lo anuncian algunos concursos.

Esto nos demuestra que a nivel licenciatura se espera que el alumno sea competitivo porque cuenta con fundamentos teóricos en diversas áreas y puede formular ya una investigación de carácter teórico-práctico sobre temas actuales que rigen el proceso de producción del objeto arquitectónico; asimismo, se espera que genere esas plataformas de discusión y debate, además de dominar el uso de la tecnología digital. Retos que nos invitan a pensar sobre ¿qué bases teórico-prácticas les transmitimos a los alumnos? ¿Cómo los enseñamos a investigar? Y ¿Cómo los enseñamos a trasladar los conocimientos teóricos a su actividad proyectual?

2. La integración estructural de las actividades en los procesos de enseñanza- aprendizaje para el Taller de Arquitectura
El proceso de enseñanza-aprendizaje integral desde tres directrices

Un proceso integral es un modelo formativo que reintegra la visión académica, la profesional y la vital, que es multi y trans-disciplinar, considerando los diferentes niveles de construcción del conocimiento. En este modelo se cuestiona la separación existente entre teoría-práctica, ya que se deben buscar espacios curriculares de vinculación y metodologías de enseñanza que propicien un acercamiento y traslado de los aspectos teóricos a la realidad profesional, como vía para conseguir un aprendizaje significativo, profundo y constructivo; este proceso de enseñanza integral le permite al alumno seguir aprendiendo de manera permanente. La propuesta de un nuevo modelo educativo centrado en el estudiante, es emitida en 1998 por la Organización de las Naciones Unidas para la Educación, la Ciencia y la Cultura [UNESCO], donde se especifica que el estudiante requiere una "renovación de los contenidos, métodos, prácticas y medios de transmisión del saber, que han de basarse en nuevos tipos de vínculos y de colaboración con la comunidad, y de una profunda transformación estructural" ("Declaración Mundial sobre la Educación Superior en el Siglo XXI: Visión y Acción").

Derivado de lo anterior, nuestros procesos de enseñanza y aprendizaje se ven enfrentados a diversos retos: a dar respuesta a los requerimientos derivados de la sociedad del conocimiento y del mundo cada vez más interrelacionado y exigente, a contribuir a la satisfacción de las demandas educativas derivadas de las profundas desigualdades sociales del país, a proporcionar calidad, mejorando continuamente el desempeño institucional en la prestación de todos sus servicios y a renovar programas de generación, transmisión y difusión del conocimiento. (Jiménez, González, Hernández, Propuesta de un modelo para la evaluación integral del proceso enseñanza-aprendizaje acorde con la Educación Basada en Competencias, CPU-e, Revista de Investigación Educativa, Recuperado de http://www.redalyc.org/).

Estos modelos de enseñanza integral y basados en competencias, exigen otro giro y se enfocan en el enseñar a aprender, a lo largo de la vida; para ello, se requiere de un acompañamiento por parte de los profesores, en el aprendizaje autónomo que realiza el estudiante, los resultados del aprendizaje se expresan en términos de competencias y el proceso de enseñanza-aprendizaje se concibe como un trabajo colectivo entre profesores y alumnos; es decir, que combina equilibradamente el desarrollo de conocimientos, actitudes, habilidades y valores, asimismo, exige una nueva definición de las actividades de aprendizaje y promueve una formación integral y de alta calidad científica, tecnológica y humanística (Jiménez, et al, 2011).

Cuestión que nos lleva a los docentes al desarrollo de un perfil profesional en la enseñanza y al desarrollo de roles o actividades diversas y diferentes a las que tradicionalmente se realizan. Podemos esbozar, entonces, que dentro del ámbito hay tres directrices inmersas en el conocimiento sobre la producción de lo arquitectónico:

Una pragmática, en la que a veces se da por hecho que el entendimiento de la producción de lo arquitectónico se genera desde un fundamento práctico.

Otra pedagógica, que en ocasiones se opone o contrapuntea con la tendencia pragmática, muestra su interés en las formulaciones didácticas y estrategias de enseñanza-aprendizaje que dirigen la formación del arquitecto.

Y por último, se distingue la directriz que podemos nombrar como la epistémica, que busca entender, conocer y explicar el fenómeno arquitectónico desde diversos enfoques.

En estas directrices se observan equívocos, que nos han llevado a la desvinculación de contenidos disciplinares, a la ausencia de una base epistémica y a la desarticulación teórico-práctica:

a. En la directriz que concibe lo arquitectónico desde la pragmática se cree que el conocimiento sólo surge de la acción y presenta contradicciones debido a la falta de análisis y reflexión sobre las nociones y los procesos del diseño. En muchas ocasiones se piensa que la práctica se refiere solamente a lo material y construido, asimismo, en diversas ocasiones, el docente cree que el alumno produce lo arquitectónico sólo desde la práctica y que deberá validar su discurso sin investigar, ni generar alguna reflexión teórica, por ello cuestionamos si el conocimiento sobre lo arquitectónico sólo parte de la experiencia práctica y si podremos explicar a la práctica desde sus acciones.

b. En este mismo sentido, en la directriz pedagógica, se observa que el papel de los Talleres en la Facultad, está en cohesionar a los integrantes de sus grupos a través de una patrón ideológico heredado, dado o establecido bajo creencias e idearios que van generando programas académicos y de trabajo, tratando de marcar o normar una línea de pensamiento y conocimiento sobre lo arquitectónico, ya sea en su producción o enseñanza, cosa que se vuelve la guía de la misma práctica. Convirtiéndose, en ocasiones, en discursos dogmáticos y herméticos que no aprueban o concilian otras posturas, asimismo, no buscan ampliar o retroalimentar el conocimiento sobre lo arquitectónico desde otras disciplinas. En este sentido, nos queda mucho por analizar, investigar y reflexionar, porque el papel que juega la enseñanza en la formación del arquitecto, al parecer queda indefinida y sugiere cuestionar: ¿Cómo se conoce sobre la producción de lo arquitectónico? ¿Cómo se enseña? ¿Para qué o con qué fin? ¿Sobre qué fundamentos? ¿Cuáles son los sistemas o modelos de enseñanza óptimos para ello? y ¿Qué papel tiene el docente actualmente en la formación del arquitecto?

c. Y en la directriz epistémica, podemos observar que el origen del conocimiento sobre lo arquitectónico, tiene un sinfín de vertientes y nos obliga a preguntar: ¿De dónde viene? ¿Cuáles son sus formulaciones? ¿Cómo se construyen sus fundamentos? Esta base epistémica nos inclina hacia la construcción del saber y nos lleva a pensar también en las inconsistencias de nuestros discursos llevados al ámbito académico.

El laboratorio de diseño

¿Cómo podemos generar una base que propicie el conocimiento y proporcione a los alumnos los elementos para asumir una posición crítica frente a una realidad? Cómo motivamos y ayudamos a los alumnos a generar discursos frente a las interrogantes de la sociedad actual, de manera que sean sólidos, amplios y profundos y no tomen ningún concepto como supuesto. Para dar respuesta a ello, proponemos un proceso de enseñanza en el taller de arquitectura que se dirija a un sistema integral de aprendizaje, donde el alumno trabaje en conjunto con el docente en un laboratorio de diseño, para gestar las intenciones y prefiguraciones sobre el proyecto, para analizar su proceso de diseño y detectar las operaciones que realiza en ello. Estamos hablando de un tipo de enseñanza donde el alumno no se limita solamente a dibujar, ni a representar el objeto, tampoco hablamos de un proceso que sólo contempla las revisiones del proyecto, sino que entendemos por laboratorio, el lugar donde el alumno experimenta, observa, analiza, critica y fundamenta su actividad proyectiva. En este sentido, el laboratorio es un lugar dotado de los medios necesarios para realizar investigaciones, experimentos, prácticas y trabajos de carácter teórico, práctico, artístico, histórico, científico y tecnológico.

El laboratorio funciona como un espacio curricular donde los docentes podemos generar las vinculaciones de estas tres directrices (pragmática, pedagógica y epistémica) y producir el conocimiento a partir de ello, además de formular nuevos instrumentos y estrategias de enseñanza-aprendizaje. Aquí es donde el alumno puede generar los traslados teóricos a su práctica en el diseño y puede vincular los contenidos históricos, ambientales, tecnológicos, constructivos, científicos; asimismo, desde aquí podrá retroalimentar continuamente su formación y valorar sus resultados. La importancia de un laboratorio de diseño está en la diversidad de actividades que el alumno realiza y que intervienen para conformar la imagen del objeto, al mismo tiempo, éste funciona como un nicho de ideas, de prefiguraciones formales y lingüísticas. El alumno aquí somete sus propuestas a un análisis crítico colectivo en un proceso de reflexión continua sobre el hacer, paralelamente está en una actividad mental constante, de tal manera que se pueden valorar las condiciones en las que surgen los proyectos desde su gestación hasta su definición, podríamos profundizar en sus procesos y reflexionar sobre sus contenidos.

En esta dinámica, el alumno investiga, formula y descubre junto con el docente los fundamentos de la forma, analiza los procesos de elaboración y concepción de la imagen, debate las propuestas y evalúa las hipótesis formales. En este sentido, se impulsa la búsqueda de los elementos que pueden posibilitar experiencias innovadoras sobre la concepción del hábitat humano, para no caer en especulaciones sin fundamentos, sin contenidos, ni sentidos. Así, el estudiante tiene la oportunidad de confrontar sus propuestas formales a un contexto sociocultural dado y verificar de cierta manera sus posibilidades, es decir que no se formulan imágenes de objetos puramente utópicas, sino que puede legitimar un proceso basado en conocimientos previos y adquiridos en su misma actividad proyectual. Este tipo de enseñanza se convierte en una práctica sintética y en su desarrollo entran en juego muchas características, por eso entendemos que el proyecto, como lo esboza Correal, más que una herramienta que se desarrolla desde la técnica y la gráfica, es un instrumento para pensar lo arquitectónico, es una construcción tridimensional acerca de la existencia del objeto, donde se llevará a cabo la existencia humana, y éste se desarrolla bajo un intelecto. En sí, se busca profundizar en la generación de conocimientos que nos lleven a reconocer las características y posibilidades de una transformación didáctica, desde una nueva manera de aproximarnos al estudio de los objetos que imaginamos como arquitectónicos y que nos permita explorar sus relaciones con una realidad.

En este sentido, el laboratorio de diseño se vuelve la herramienta o el medio en el que se persiguen muchos fines a través de la construcción del conocimiento en un proceso continuo "que permite explorar nuevas soluciones a problemas reales" (Meneses, 2009, p.55) y que tiene los siguientes propósitos: el desarrollo de competencias profesionales mediante la reflexión del propio conocimiento, generar el diagnóstico y pronóstico de problemas relacionados con la teoría estudiada y relacionar dichas problemáticas con la realidad cultural, establecer la delimitación del aprendizaje del diseño en forma de supuestos, teorías e hipótesis para aprender a afrontar diversas situaciones y resolverlas de manera integral, desde el influjo de las diversas actividades académicas.

Esbozando esta noción de laboratorio de diseño como nicho para la prefiguración y concepción de la imagen formal, podremos enunciar a grandes rasgos, las actividades que intervienen en un desarrollo formativo integral, desde tres directrices:

La directriz epistémica: integra a la investigación que abarca el estudio, análisis e indagación de los contenidos del diseño, orienta la tarea hacia el cumplimiento inicial que se formula y nos lleva a la comprensión y reflexión de diversos temas. Y a la concepción teórica que nos permite analizar los fundamentos de la disciplina. En este sentido, se comienza a valorar el trabajo en equipo, vinculando las diversas razones lógicas de los actores en los distintos roles y momentos del proyecto, se genera la producción de conocimientos y se formulan los fundamentos que detonan una propuesta de diseño. Aquí se identifican las vinculaciones del diseño con la tecnología, los procesos constructivos, los procesos compositivos, el uso de la tecnología, su relación con la ciudad y el paisaje, se identifican las vinculaciones con la teoría, la historia, la semiótica, la psicología y la antropología.

La directriz pedagógica: donde el alumno junto con el docente analiza, deduce, selecciona y estructura las bases que motivan el contenido del proyecto, investigando las diversas condiciones socioculturales, económicas, políticas, geográficas que intervienen en la producción del objeto arquitectónico. Y el docente tiene que generar instrumentos para la reflexión y el análisis crítico del proceso de diseño, de la conformación de la imagen, de los contenidos formales y de su expresión. Y realizar las estructuras metodológicas bajo una retroalimentación continua, con debates y foros abiertos entre alumnos y docentes. Se responde a ¿cómo se formula un tema? y ¿cuál es su ejercicio o aplicación?

Y las incidencias en la directriz pragmática: aquí, el alumno en esta actividad trabaja continuamente sus diagramaciones, entendidas como un proceso que integra en la elaboración de la imagen, una construcción intencional y lingüística. En este sentido, el alumno desarrolla sus capacidades de reflexión y análisis, relaciona estructuras mentales, despierta sus habilidades representativas, genera deducciones y toma decisiones sobre las configuraciones formales. En este caso, en el laboratorio, el alumno desarrolla diagramaciones, experimentaciones, exploraciones y aplicaciones de la concepción teórica y metodológica sobre la imagen formal, realiza diversos modelos y esquemas hipotéticos que confronta continuamente con el grupo, con el fin de retroalimentar su hacer, asimismo, aprende a relacionar sus propuestas formales con las diversas actividades académicas y sus temáticas. A demás, aprenderá a contrastar, argumentar, exponer un pensamiento y defender su postura ante una temática.

Todo ello, nos invita a responder cuestiones importantes: ¿Cómo llega el alumno a comprender un proceso de elaboración formal? ¿Cuál es el fundamento disciplinar que se pone de manifiesto en ello? Y ¿Cómo lo valoramos? La enseñanza del proyecto y su aprendizaje es complejo, ya que esto amerita un conocimiento sobre los contenidos disciplinares, un análisis de sus articulaciones y comprender el desarrollo que existe en la continua proyección entre idea-imagen, para clarificar un discurso, seleccionar el camino que seguirá el estudiante en las etapas de desarrollo del proyecto y acompañar las decisiones que tome. "La estructuración formativa en el diseño arquitectónico se da, por lo tanto, en la adopción reflexiva del proceso, en la orientación de sus métodos, en sus estrategias y en su eficiencia" (Meneses, 2009, p.67). De este modo, se contemplan:

En la directriz epistémica se determina la definición de los contenidos, se responde a: ¿Qué se enseña para aprender a diseñar?

En la directriz pedagógica se establecen los propósitos del aprendizaje y se responde a: ¿Para qué se enseña a diseñar? Se identifica una metodología dada para responder a ¿cómo se enseña a diseñar? ¿Cómo integramos las diversas actividades y hacemos el traslado teórico-práctico? Asimismo, se eligen los recursos didácticos y se da respuesta a: ¿Con qué se enseña a diseñar? Finalmente se preparan las evaluaciones respondiendo a ¿cómo se valora un diseño? y ¿Cómo se mide el aprendizaje?

En la directriz pragmática, se buscan las incidencias a la praxis y se reflexiona sobre ¿qué logra el alumno al realizar cada actividad?

3. Un sistema de evaluación integral

La evaluación debe establecer una oportunidad de aprendizaje y utilizarse no para adivinar o seleccionar a quien posee ciertas competencias, sino para promoverlas en todos los estudiantes y debe ser coherente con el resto de los elementos del proceso formativo, la evaluación debe hacer más conscientes a todos los agentes que participan en el proceso enseñanza-aprendizaje de cuál es su nivel de competencias, de qué puntos se deben potenciar y cuáles se deben corregir para enfrentarse a situaciones de enseñanza-aprendizaje futuras (Jiménez, et al, 2011). Se define la competencia a evaluar como un "saber-hacer en contexto"; es decir, como "la articulación y uso de conocimientos, de formas de razonar y proceder para comprender situaciones, para fundamentar decisiones o para solucionar problemas en contextos específicos" (Jiménez, et al, 2011). De esta manera, dicho saber hacer, recoge las interacciones entre los conocimientos apropiados, sus relaciones prácticas y las aplicaciones referidas a contextos o situaciones determinadas.

En este sentido, partimos de la evaluación formativa para generar la diagnóstica y la sumativa, ya que nos interesa valorar cómo el alumno adquiere estas competencias al enfrentarse a cualquier tema de proyecto; asimismo, son competencias que integra en el proceso de diseño y desarrolla en las diversas dinámicas establecidas en el laboratorio de diseño; por ello, su valor deberá conformar la suma del resultado final.

La evaluación formativa y el desarrollo de competencias en la elaboración del proyecto y desarrollo del proceso de diseño.
La competencia interpretativa
Se define como aquella acción encaminada a encontrar el sentido de un texto, un problema, una gráfica, un plano, un diagrama de flujo, entre otras situaciones. Aquí se le proporciona un contexto al estudiante, la interpretación sigue unos criterios de veracidad, los cuales no implican sólo la comprensión de los contextos, sino que se debe dirigir a la situación concreta y reflexionar sobre sus implicaciones formales.

Los procesos del pensamiento involucrados son: la comprensión, el análisis, la reflexión, la abstracción y la conclusión.

La competencia argumentativa
Es aquella acción dirigida a explicar, dar razones y desarrollar ideas de una forma coherente con el contexto de la disciplina. Los puntos relacionados con esta competencia exigen dar cuenta de un saber fundamentado en razones coherentes con los planteamientos que se encuentran en el análisis del contexto.

La argumentación integra diversas acciones como: la resolución de problemas, establecer los fundamentos de un diseño, formular y estructurar redes semánticas sobre los contenidos del diseño, relacionar, organizar la información, explicar y deducir las soluciones a través de un diagrama, etc.

La competencia sintética
Es aquella acción dirigida a simplificar y esquematizar los argumentos sobre la forma, de acuerdo con los contenidos disciplinares y contexto sociocultural interpretado. En la síntesis se contemplan las siguientes operaciones mentales: asociaciones de ideas, intenciones y conceptos con elementos gráficos representacionales, estructurar modelos hipotéticos, configurar la imagen y reflejar la interpretación de la investigación, tomar decisiones, dibujar, esquematizar.

La competencia propositiva

Es aquella acción que busca alternativas que puedan aplicarse en un contexto determinado; por lo tanto, se espera que la solución que escoja el alumno corresponda con las circunstancias que aparecen en el planteamiento inicial. Asimismo, el estudiante deberá generar hipótesis y proponer alternativas de solución a temas dados.

Por otro lado, se espera que cubra los aspectos establecidos para el desarrollo de un tema y presente nuevas formulaciones en los resultados. Las acciones que integra esta competencia son: autocrítica, aplicación, presentación y evaluación de resultados, optimización de una solución en un contexto determinado, innovación.

En este periodo formativo, el alumno conjuga juicios de valor en los ejercicios proyectuales que culminan en la construcción de una estructura imaginaria y real manifestada a través de la imagen, considerando en ello, que el sentido del aprendizaje obtenido para desarrollar cada ejercicio implica:

El desarrollo de competencias: interpretativa, argumentativa, sintética y propositiva.

La adquisición de saberes: referido a los conocimientos, fundamentos y propósitos del conocimiento.

El saber-hacer: Donde el alumno desarrolla las habilidades inmersas en el proceso de diseño (claridad, coherencia conceptual y gráfica, manejo del lenguaje, etc.). Articulación y usos de los conocimientos para la comprensión del proyecto.

Actitudes: saber expresarse y ser ante las situaciones (seguridad, lenguaje verbal, lenguaje corporal, imagen, orden).

Productos del aprendizaje, nivel de conocimientos adquiridos por el alumno y resultados.

Bibliografía

Correal P. Sobre modelos pedagógicos y el aprendizaje del proyecto arquitectónico, Revista de Arquitectura, Vol. 13, Bogotá (enero-diciembre 2011).

Declaración Mundial sobre la Educación Superior en el Siglo XXI: Visión y Acción, Organización de las Naciones Unidas para la Educación, la Ciencia y la Cultura [UNESCO], 1998.

Jiménez, G. Y., González R. M., Hernández, J. J. Propuesta de un modelo para la evaluación integral del proceso enseñanza-aprendizaje acorde con la Educación Basada en Competencias. CPU-e, Revista de Investigación Educativa, núm. 13, julio-diciembre, México: Instituto de Investigaciones en Educación. Recuperado de http://www.redalyc.org/articulo.oa?id=283121730002. 2011.

Lanzagorta V. J. "Planografía para el arquitecto en formación, proceso y método de diseño". México: ETXETA_ITESO, 2012.

Martín M. "La invención de la arquitectura", Madrid: Celeste Ediciones, 1997.

Morán, O. "El vínculo de la docencia y la investigación en el trabajo académico de la UNAM", México: UNAM, CESU, Plaza y Valdés Editores, 2003.

Meneses, U. D. "Notas y temas de diseño arquitectónico, reflexiones desde la docencia", Colombia. Universidad de la Salle, Facultad de Ciencias del Hábitat, 2009.

Plan de Estudios, Licenciatura en Arquitectura, FA, UNAM, 1999.

Roca, "Palabras Docentes", Argentina: Facultad de Arquitectura, Urbanismo y Diseño, Universidad Nacional de Córdoba, 1999.

Stroeter J. R. "Teorías sobre arquitectura" México: Trillas, 1999.

Hacia un funcionalismo espiritual en el ejercicio arquitectónico

CARLOS I. CASTILLO C.

Ya hemos dicho con suficiente frecuencia que la obra arquitectónica está hecha para el ser humano y sus necesidades y que en el conocimiento de estas necesidades podemos hallar su solución. También hemos dicho que para dotar al hombre de las soluciones a sus necesidades es necesario conocerle y saber así qué es lo que requiere para desarrollar su actividad humana. Y a pesar de lo obvio de éstos silogismos, dichas preguntas se convierten en una vorágine de dudas filosóficas que nos llevan incluso a preguntarnos sobre la misma esencia del ser. Si bien las preguntas ya son bastante complejas, las respuestas amenazan con no dejar satisfecho a quien pregunta. En la búsqueda de estas preguntas y respuestas hemos de tomar un camino para no perder nuestro objetivo, la satisfacción de las necesidades elementales y definir cuáles de las necesidades son elementales, si no es que todas lo son; y para esto conocer al hombre. Hemos de abreviar los resultados de esta indagación con el fin de entrar en la materia que nos ocupa: la experiencia de ser (con todos sus sinónimos y símiles: vivir, habitar, crear, pensar, existir, etc.). Para ello hemos de apoyarnos en una visión fenoménica del hombre.

Según Paul Valéry [1] el hombre se compone de cuatro cuerpos superpuestos entre sí:

1.- Nuestra porción del mundo físico (el cuerpo orgánico).

2.- La imagen que se percibe de uno mismo.

3.- El ser intangible, del cual sólo observamos sus efectos.

4.- El resultado de los anteriores, el fenómeno del ser en sí.

Ésta visión del hombre y su conformación nos indica la existencia de una esencia previa (o simultánea a otro nivel) al modo físico en que se presenta el hombre. Es decir: el espíritu. Es importante destacar al mencionar al espíritu que no pretendemos acercarnos a una aseveración religiosa de él, sino al entendimiento de la parte intangible del ser. De donde surge la voluntad y a donde van todos los impactos que éste recibe. Basados en estos estudios hacemos una afirmación provisional, y ésta es que: el cuerpo físico es el medio por el que se expresa el espíritu y que éste (el espíritu) es el que asimila la experiencia del ser mientras ésta sucede.

Una vez que hemos validado la existencia del espíritu y su participación no sólo primordial si no simultánea en la experiencia física de la persona, tenemos ahora otro elemento a considerar: Que el hombre habita y realiza prácticamente toda actividad con el cuerpo y el espíritu como un binomio, o una suma de potencias. La construcción física puede entonces considerar que afecta al ser humano no sólo en su cuerpo físico, si no en el espiritual. Es así como podemos deducir que hemos de construir también para el espíritu.

Ya que los esfuerzos realizados en la teoría de la arquitectura se han encaminado a propiciar y facilitar las actividades humanas, pero que éstas, antes del rompimiento filosófico del posmodernismo [2] eran sólo comprendidas como físicas y racionales; proponemos ahora retomar una corriente teórica de la arquitectura que se ha desarrollado anteriormente, considerando al hombre y sus necesidades espaciales y racionales, el funcionalismo.

El funcionalismo surgió como una crítica a las ornamentaciones consideradas como innecesarias, a los espacios muertos, a los trayectos largos. Exponentes fundamentales de esta corriente fueron Mies Van der Rohe, Walter Gropius, Louis Sullivan y Le Corbusier con su obra *Le Modulor*. Quienes proponían que el hombre y sus medidas fueran la base del diseño arquitectónico. Es así como la antropometría se convirtió en la base fundamental de la práctica arquitectónica. En principio, los esfuerzos de esta corriente arquitectónica son muy válidos y no han de ser juzgados por los resultados poco exitosos que con el tiempo fueron degenerando en obras que consideraron poco o nada la estética como parte importante de su creación. Pensando que al resolver la función ésta vendría naturalmente y por añadidura.

En fin que el interés de este pensamiento no es una crítica a la mencionada corriente arquitectónica, si no un parcial elogio y un aporte a ésta. Se propone entonces que retomando al ser humano como la base de la creación arquitectónica se agreguen nuevas consideraciones descubiertas y validadas durante el siglo XX. Las necesidades del cuerpo físico y del espíritu. Es decir: que la obra arquitectónica esté hecha para que el ser humano pueda llevar a cabo sus actividades y que se mueva dentro del espacio con libertad, tanto en cuerpo como en espíritu.

Herramientas proyectuales basadas en "Construir, habitar pensar" de Martin Heidegger

A priori:

El construir tiene como meta el habitar.

Construir es en sí mismo ya el habitar.

Pero el hombre no sólo habita (esto sería prácticamente la inactividad), también mora (desarrolla actividades).

Ser es habitar, habitar es pensar; por tanto, pensar es construir.

El hombre es en la misma medida en que habita.

Habitar: permanecer, residir, estar satisfecho, libre, seguro, preservado de daño y amenaza, cuidado, puesto a buen recaudo.

Ser en la tierra es parte de una Cuaternidad (tierra, mortales, cielo, divinos)

El cielo es de donde vienen el día y la noche, la lluvia, las estrellas, la luna y el sol. Las condiciones a que estamos sujetos.

Habitar es residir cabe (junto con) las cosas.

Construir: cuidar, erigir.

El objeto arquitectónico no es sólo el edificio si no todo lo que liga, toca y alberga.

Para poder construir es necesario primero aprender a habitar.

Es necesario aprender a construir desde el habitar, pensar desde el habitar.

La corporeización del espacio urbano-arquitectónico

El objeto arquitectónico es con frecuencia considerado más por sus muros, techos y pisos que por los espacios que se albergan dentro de ellos. Lo anterior no es una idea en pro del diseño de interiores, es más bien una idea en pro de la consideración de la importancia del espacio contenido dentro de los objetos arquitectónicos. Hemos de considerar que dentro de una construcción arquitectónica existe un espacio físico intangible que se compone de todos los elementos que existen y habitan dentro de él; la conciencia de que

37

este espacio existe nos aporta un punto de vista más completo acerca de la conformación del espacio arquitectónico.

En el ejercicio de la arquitectura se considera al arte como un componente esencial de la obra arquitectónica bien llevada a cabo; pero es necesario que el arquitecto vaya más allá de esta frecuente discusión. Es necesario que el ejercicio del arte se ocupe más que de los objetos plásticos y que tenga en consideración la incidencia que estos objetos tienen en el espacio, generando a su vez nuevos espacios.

Lo que se intenta expresar ahora es que la arquitectura al crear un objeto contenedor de espacios crea también estos espacios. "El espacio interior en sí mismo es la realidad del edificio." [3] Queda entendido entonces que el objeto de nuestro interés es el espacio que "aparece" [4] contenido dentro del objeto plástico artístico-arquitectónico. Si tomamos en cuenta al espacio como un algo, entonces le podemos adjudicar cualidades de ser (no como un ente, si no como un conjunto de fenómenos que se presentan en una fracción espacio-tiempo determinados), es entonces que podremos tomar consideraciones más apropiadas para dotar de cualidades al espacio arquitectónico.

Pero este texto no es exclusivo del espacio interior, no se pretende sólo mencionar las bondades del espacio interior, más bien, se emplea a éste como un ejemplo del espacio que es creado a partir de la incidencia de los objetos plásticos. Esta aclaración cabe ahora, ya que hemos de considerar que el objeto arquitectónico no sólo participa en la creación de espacios interiores, si no que es parte de un espacio urbano al cual pertenece y el cual es su pertenencia desde el momento en que el objeto es dentro de éste.

Para entender mejor la idea de el objeto arquitectónico dentro de el espacio urbano nos sirve tomar como analogía la manera en que por ejemplo interviene un objeto escultórico dentro de el espacio en que es contenido; generando nuevas cualidades en el espacio que interviene.

No estamos hablando en sentido mítico si decimos que la obra arquitectónica hace aparecer un espacio dentro de sí o que transforma el espacio fuera de ella; esto sucede de manera natural y perceptible aunque no siempre tangible con los sentidos físicos. Pero, ¿para qué nos sirve saber que "algo" aparece junto con la creación arquitectónica? Para entender que el trabajo del arquitecto no es solamente la construcción de un objeto material mediante la técnica y la física. Si no, más bien, la creación de este espacio intangible, pero perceptible al cual nos hemos referido.

Es así que se propone que la actividad arquitectónica <debería ser> (y no un deber ser juicioso, sino una necesidad de ser para el éxito de su tarea) sinónimo de actividad artística, pues según la idea de Heidegger[5], "Espaciar es libre donación de los lugares en los que aparece un dios, de los lugares de los que los dioses han huido." Se pretende abrir espacio a lo divino, que el objeto arquitectónico haga volver al espacio el carácter de sagrado, armónico, perfecto del que se ha despojado al espacio natural con el crecimiento de las urbes; y para esto, nos valemos de la idea de que el arte es la imitación y perfección de la naturaleza[6]. Y nos apoyamos en la definición que hace Heidegger sobre la creación plástica: "La plástica: la corporeización de la verdad del ser en la obra que instaura lugares."[7]

Sirvan las anteriores consideraciones sobre la necesidad de una actividad artística intrínseca en la arquitectónica para que el arquitecto entienda que el arte dentro de la arquitectura no es sólo un alarde por dotar de estética a los objetos urbano-arquitectónicos, si no una necesidad ineludible por crear un espacio habitable cuya naturaleza contenga cualidades que abonen a una existencia más armónica para el ser humano que habita el espacio.

Ideas Heidegger que inspiraron este texto para un *a priori*:
"El espacio es ocupado por la figura plástica y queda moldeado como volumen cerrado, perforado y vacío".
"El cuerpo plástico corporeiza algo" (hacer aparecer).
"El espacio <<es>> por lo que se le puede adjudicar un <<ser>>".
"Lo peculiar del espacio tiene que mostrarse a partir de él mismo".
"Espaciar remite a <<escardar>>, <<desbrozar>> una tierra baldía (limpiar el terreno, prepararlo)".
"El espaciar aporta lo libre, lo abierto para un asentamiento y un habitar del hombre".
"Espaciar es libre donación de los lugares en los que aparece un dios, de los lugares de los que los dioses han huido" (abrir espacio a lo divino).
"Espaciar, aporta la localidad que prepara en cada caso un habitar".
"El emplazar proporciona a las cosas posibilidad de pertenecerse

mutuamente, estando cada una en su respectivo sitio y desde donde se abre a las otras cosas" (co-pertenencia).

"El arte como plástica: no una toma de posesión del espacio. La plástica no sería una confrontación con el espacio" (interacción del objeto y el espacio).

"La plástica sería una corporeización de lugares que al abrir una comarca y preservarla, mantienen reunido en torno a sí un ámbito libre que se confiere a las cosas; una libre permanencia y procura a los hombres un habitar en medio de las cosas".

"...el vacío está presumiblemente hermanado con el carácter peculiar del lugar y, por ello, no es un echar en falta, sino un producir".

"Vaciar el vaso quiere decir: reunirlo, como lo continente, en su haber llegado a ser libre".

"El vacío no es nada, tampoco es una falta. En la corporeización plástica, el vacío juega a la manera de un instituir que busca y proyecta lugares".

"La plástica: la corporeización de la verdad del ser en la obra que instaura lugares".

"La plástica: un poner-en-obra que corporeiza lugares y que, con éstos, permite que se abran las comarcas de un posible habitar humano y las comarcas de un posible permanecer, las cosas que circundan y atañen a los hombres".

Notas

1. Valéry, P., "Estudios filosóficos", Madrid: Visor 1996, pp. 187-189.
2. El posmodernismo considera las cualidades intangibles del ser humano como los sentimientos, los valores y la voluntad.
3. Frank Lloyd Wright citado por Eduardo Sacriste en "Frank Lloyd Wright's Usonian Houses: The Case for Organic Architecture", Whitney Library of Design: USA, 1976.
4. Aparecer en sentido Aristotélico, es decir: que surge, que viene a la realidad, que se corporeiza.
5. Heidegger, M., "Arte y espacio", Barcelona: Herder, 2007, p.23.
6. Aristóteles citado por Hegel, "Lecciones sobre Estética", Madrid: Akal, 1989.
7. Heidegger, op. cit., p.33.

Bibliografía
Hegel, "Lecciones sobre Estética", Madrid: Akal, 1989.
Heidegger, M., "Arte y Espacio", Barcelona: Herder, 2007.
Sacriste E., "Frank Lloyd Wright's Usonian Houses: The Case for
    Organic Architecture", Whitney Library of Design: USA, 1976.
Valéry, P., "Estudios filosóficos", Madrid: Visor 1996, pp. 187-189.

Repensar la arquitectura para habitar:
Proponiendo una filosofía de diseño y crítica arquitectónica

KARINA CONTRERAS CASTELLANOS

"El hombre transgrede aún su mundo, lo inventa y lo recrea. Ciencia, técnica, arte, mito, magia…. en fin, todas las figuras de la acción humana son fragmentos cuajados de la fuerza desbordante de la imaginación que humaniza lo real y humaniza al hombre." [1].

Los problemas a resolver en arquitectura son únicos e irrepetibles. En el fenómeno arquitectónico interviene lo humano con sus distintas facetas existenciales, y el contexto donde se inscribe, físiconatural, sociocultural, económico y político determinado. Por lo tanto, la respuesta a ellos también será singular, diseñada específicamente para satisfacer y armonizar las variables que cada caso implica. El proceso de diseño es complejo y desafiante.

Así podemos ampliar la idea de metodología de diseño, ya que no existen recetas o procedimientos estrictos para la solución de un problema arquitectónico específico que además implica el diálogo entre razón e intuición como acto creativo. Habría que diseñar en cada caso una manera distinta de abordar cada proyecto. De ahí que se proponga la construcción y el desarrollo de una *filosofía de diseño y crítica*, para re-pensar lo arquitectónico. Esta filosofía requiere tener en cuenta una serie de consideraciones imprescindibles para la generación de arquitecturas que satisfagan un habitar significativo para el ser humano. Este habitar entendido como un existir y transitar en cualquier ámbito arquitectónico rodeado de las condiciones necesarias para que el habitante desarrolle en plenitud su vida, o sea su ser en el mundo [2].

Por un lado, se busca esta habitabilidad como objetivo del proyecto a diseñar desde la génesis creativa y, por el otro, en una vertiente crítica, ya cuando la obra está materializada se puede evaluar si se cumple con este requisito imprescindible para cualquier objeto que se precie de llamarse arquitectónico. Esta perspectiva permite tener un criterio, o sea una filosofía, sobre la calidad de una obra arquitectónica, a priori y posteriori.

El proceso creativo no puede homogeneizarse, ya que es un acto tan libre y particular, como la intuición personal que lo detona. El individuo creativo interioriza para exteriorizar sus ideas, estimuladas a partir de la inspiración, en apariencia mágica, pero que requiere un continuo esfuerzo, disciplina y trabajo calificado para que de la fugacidad de su iluminación evolucione en una propuesta. Desde ese punto de origen, se dará un desarrollo no lineal, un ir y venir entre la razón, la intuición, la emoción, la creación se dará a partir de esta travesía.

La inspiración es el inicio provocador del acto de inventiva que desencadena una sucesión de actividades que oscilan entre lo intuitivo y lo reflexivo, lo racional y lo visceral, para traer a lo que se nos aparece como real lo que todavía no es, excepto en el imaginario. Ese trance alquímico que transforma lo intangible en manifestado, requiere que quien diseña haga una síntesis de su ser existencial en el mundo que lo ha formado: cultura, conocimiento, experiencias que darán como resultado una obra única.

La arquitectura es capaz de contener una doble dimensión indisoluble, la de la *poiesis* que construye la ficción y la de profunda verdad que quiere crear la *mímesis* al emular la vida, pues es ante todo, como todo arte, una disciplina creadora donde inspiración e imaginación conviven [3].

"Por la inspiración imaginamos. Y al imaginar disolvemos sujeto y objeto, nos disolvemos nosotros mismos y suprimimos la contradicción" [4].

La imaginación, privilegio de la especie humana, es la materia prima para concebir otros mundos e instaurarlos, tal como lo describe el filósofo alemán Martin Heidegger, hasta ahora ocultos en nuestra potencialidad interior. Lo artístico es de esencia poética cuando es capaz de develar ese fragmento de la verdad encubierta antes del acto creativo que funda un universo que florece. Y ese suceso espiritual se ofrenda, para que lo que de él emane, pueda manifestarse en la obra poética arquitectónica, que es arte en cuanto fomente el habitar significativo, y viceversa, pues al fomentarlo es, por lo tanto, arte [5].

Quien se lanza a la aventura creativa, en realidad necesita arrojarse a lo desconocido, como si fuera el vacío, sólo así logrará liberarse de sus propios límites y descubrir otros caminos. Esto significa desprenderse del mundo: "pueden surgir entonces dos posibilidades: todo se evapora y desvanece, pierde peso, flota y acaba por disolverse; o bien, todo se cierra y se torna agresivamente objeto sin sentido, materia inasible e impenetrable a la luz de la significación. El mundo se abre: es un abismo… en ambos casos, el poeta [arquitecto] se queda solo, sin mundo en que apoyarse. Es la hora de crear de nuevo y volver a nombrar con palabras esa amenazante vaciedad exterior…" [6]. Se requiere espacio vacío para poder contener algo, una vez lográndolo el caos se empezará a ordenar, para dar lugar con claridad a las ideas internas que quieren exteriorizarse, develar la verdad [7].

Todo ello deviene en el objeto arquitectónico, que si es capaz de ayudar a poetizar el mundo, entonces será habitable con toda la dignidad que este acto significa.

Se habrá logrado entonces, no sólo construir una edificación, sino proporcionar a sus habitantes un espacio de confianza, ese ser que describe Heidegger con el que se logra establecer un vínculo profundo que hace eco con nuestro interior. Entonces se habrá alcanzado la condición de proveer de *arquitectura para el habitar significativo*.

Para lograr esta cualidad en el residir en lo arquitectónico, en beneficio de sus habitantes y el contexto en que incide, se sugierre a continuación, no un proceder restringido y de orden estricto, más bien se trata de una serie de consideraciones a tener en mente, a implementar en la manera particular de ejercer el acto creativo por el arquitecto ante un problema de diseño determinado. Habrá que evaluar los puntos según sea el caso y esta propuesta proyectual queda abierta a desarrollo y crítica, con el fin de optimizarla y adaptarla a los criterios y necesidades propias.

Lo que siempre será una constante, son las condiciones requeridas para la habitabilidad plena, pues el ser humano, de existencia multidimensional, tendrá necesidades básicas de subsistencia y desarrollo físico, mental y espiritual a satisfacer.

Es necesario cumplir cabalmente con la solución de los problemas básicos que el proyecto requiere, sólo entonces se podrá ir más allá de una propuesta meramente funcional.

Comprender el problema a resolver: fin práctico del proyecto.

Ubicar el usuario: la dimensión humana.

Análisis del sitio y el contexto.

Análisis de recursos.

Buscar un concepto o idea generadora.
Detonar más ideas.
Hilvanar variables: resumen análisis datos e ideas creativas.
Primeros bosquejos con voluntad artística.
Composición espacial y dinámica: desarrollo del concepto.
El sentido de la solución: temporalidad donde se inscribe.
Tipo de expresión y forma a utilizar.
Idea vital de la obra arquitectónica.
Propuesta.

El entendimiento del problema a resolver antecede a todo el proceso de diseño, por ello está enunciado al principio. La comprensión de ello, requiere no sólo de contar con la información necesaria: ubicación, objetivos, tiempo, alcance, presupuesto, necesidades, entre otras, sino un profundo proceso de análisis de cada aspecto.

Ubicar al usuario es tomarlo en cuenta en todas sus facetas humanas y como parte de un contexto físico, sociocultural, político y económico, que a su vez se analizará para buscar la armonización de las variables a satisfacer.

Factores tales como la cultura en la que se inscribe un proyecto y en la que está inmerso el habitante, son primordiales para la propuesta. La expresión de la voluntad vital [8] formada por los mitos y ritos, es inevitable en un grupo social y acabarán permeando en su modo de vida como parte de la reafirmación de su identidad. Los ritos de un pueblo vivo, favorecen su imaginación e identidad [9], sus creencias se traducirán en su manera de relacionarse con el mundo y por lo tanto con el espacio arquitectónico. De ahí que sea fundamental que el arquitecto lo investigue, lo analice y lo considere como parte de su propuesta.

En lo que se refiere a buscar un concepto o idea generadora, es donde la inspiración y la creatividad se pueden estimular, es una manera de trabajar para que el suceso inventivo ocurra. La idea generadora o detonadora es un punto de partida para despertar la imaginación, una abstracción provocativa. Este es el inicio del acto creativo que se conjunta con lo reflexivo del análisis de información previa en el proceso.

Las consideraciones que le siguen a este detonante serán consecuencia natural de éste y la creatividad seguirá fluyendo y evolucionando, siempre y cuando se ponga en operación el esfuerzo y no se claudique en ello hasta llegar a resultados que satisfagan las variables y las premisas requeridas. Estas consideraciones describen el proceso no lineal de la interiorización a la exteriorización de las ideas, hasta poder culminar en una propuesta arquitectónica ejecutable.

En cuanto a él *a posteriori* del fenómeno arquitectónico, también está basado en el punto de vista de las premisas del proceso creativo descrito para poder tener un criterio objetivo sobre la evaluación de un proyecto arquitectónico, propio o no, y de su calidad habitable.

El desarrollo de la obra arquitectónica en relación a la incidencia en la vida de sus habitantes y de su entorno requiere un transcurrir en el tiempo. Cuando ya se haya manifestado la voluntad vital en el modo de vida del habitante en el espacio arquitectónico se podrá evidenciar si ésta es satisfecha o no.

Cuando una obra es recién develada, puede parecer innovadora u original, pero no hay que confundir la inspiración que le dio origen con pura arbitrariedad o moda. Forma, función, tecnología, contexto y dimensión humana deben ser parte de las consideraciones proyectuales. El sólo alarde de algunos de sus elementos no es suficiente para trascender de un edificio genérico a un espacio habitable. Al ser creado en base a las estéticas de consumo sacrificando su aura poética, una obra entonces será sólo un producto edificado más para y por la sociedad del espectáculo [9], más no arquitectura plena.

Para validar una obra arquitectónica, no basta con la opinión en el momento de descubrirla y concretizarla. Habrá que desafiarla en su uso cotidiano, y observara como incurre en la existencia de sus habitantes y el entorno en que se localiza.

El espacio arquitectónico trasciende su tridimensionalidad cuando no sólo refugia a la magnitud corpórea de quien lo habita, pues permite el pleno desarrollo del ser humano completo en cuerpo, alma y espíritu como unidad indisoluble.

Podemos, a partir de una filosofía ética y crítica de diseño, propiciar la reflexión, investigación, análisis y trabajo para la creación de las condiciones necesarias que posibiliten un habitar significativo para el individuo libre. El principio y fin del diseño arquitectónico está relacionado con el servicio que aporta para la vida del ser humano en armonía con su mundo. El diseño arquitectónico implica, por lo tanto, responsabilidad y compromiso, pues trabaja para incidir en la existencia humana.

Notas

1. Lapoujade, María, "Filosofía de la imaginación", México: Siglo XXI Editores, 1988, p. 25.
2. Habitar es como los mortales son el la tierra, no es sólo residir es también construir, cuidar…. Tal como lo explica Martin Heidegger en su texto "Construir, habitar, pensar".
3. A partir de las ideas contenidas en: Montes, Graciela, "La frontera indómita", México: FCE, 2001, p. 24
4. Paz, Octavio, "El arco y la lira", México: FCE, 2010, pp. 171-172.
5. A partir de las ideas contenidas en: Heidegger, Martin; "Arte y poesía", México: Fondo de Cultura Económica, 2006, p. 98.
6. Paz, *op. cit.*, p. 177.
7. Heidegger, *op. cit.*, p. 60. "La obra de arte abre su modo de el ser del ente". Esta apertura, es decir, el desentrañar la verdad del ente, acontece en la obra.
8. Las consideraciones propuestas para el proceso creativo arquitectónico son: A partir de las ideas sobre los estratos internos de la obra arquitectónica, contenidas en: Hartmann, Nicolai, "Estética", México: UNAM Instituto de Investigaciones Filosóficas, 1977, p. 255. Y a partir de las ideas contenidas en: Paz, Octavio, "El laberinto de la soledad", México: Fondo de Cultura Económica, 2004, pp. 51,59.
9. Término acuñado por Guy Debord en su libro del mismo nombre para describir desde los años sesenta del siglo XX a la sociedad enajenada por el consumismo de masas, que incluso pierden el sentido de la vida dejándose manipular por quienes ejercen el poder político y económico.

Bibliografía

Debord, Guy, "La sociedad del espectáculo", Valencia: Pre-textos, 2003.

Hartmann, Nicolai, "Estética", México: UNAM Instituto de Investigaciones Filosóficas, 1977.

Heidegger, Martin; "Construir, habitar, pensar"._Traducción de Eustaquio Barjau. Conferencias y artículos Serbal. Barcelona, España 1994. http://es.scribd.com/doc/4504611/HEIDEGGER-MARTIN-Construir-Habitar-Pensar.

_____, "Arte y poesía", México: Fondo de Cultura Económica, 2006.

Montes, Graciela, "La frontera indómita", México: FCE, 2001.

Noel Lapoujade, María, "Filosofía de la imaginación", México: Siglo XXI Editores, 1988.

Paz, Octavio, "El arco y la lira", México: FCE, 2010.

_____, "El laberinto de la soledad", México: Fondo de Cultura Económica, 2004.

Desarrollo de la Maestría en Arquitectura en la UNAM y la influencia de las políticas de los organismos internacionales en la formación de valores de los alumnos

AMPARO VERÓNICA GONZÁLEZ LÓPEZ

La problemática investigada es la formación de valores en los alumnos de la Maestría en Arquitectura, se aborda por medio de entrevistas, con funcionarios de la maestría, los maestros y los alumnos de los seminarios-talleres observados durante la investigación de campo.

En la búsqueda de información del desarrollo de la Maestría en Arquitectura, fue básico entrevistar al que era Secretario General del Centro de Investigaciones y Estudios de Posgrado de Arquitectura, quien amablemente me concedió la entrevista que aportó datos importantes a la investigación. También se tomó la folletería de la estructura actual del programa de estudio que está dividido en 5 campos del conocimiento, cuya información está mezclada con datos de la entrevista con la intención de complementar dicha información. A continuación, se transcribe la entrevista.

E= entrevistadora

Eo= entrevistado

La entrevista

1. E= Maestro ¿cuál es su preparación académica?

Eo. Licenciatura en Arquitectura, Maestría en Arquitectura graduado en 1998, candidato a Doctor en Arquitectura, Doctorante en Arquitectura.

2. E= ¿Cuál es su área de investigación?

Eo= Área de investigación en materiales de construcciones, invitado a dar platicas en varias universidades del país en tecnologías y materiales.

3. E= ¿Cómo surgió el programa de maestría y doctorado en la Facultad de Arquitectura?

Eo= El Doctorado en Arquitectura, se da en la Facultad de Arquitectura en 1984, el primer doctorado egresa en 1986. En este año la Escuela Nacional de Arquitectura pasa a ser Facultad de Arquitectura, porque empezó a producir doctores, este doctorado siguió hasta 1999, que sucedió históricamente una huelga, antes de la huelga se modificó el Reglamento General de Estudios de Posgrado; en 1996 se dio un plazo para que todos los programas de posgrado se modificarán de acuerdo al nuevo reglamento. Años después la Facultad de Arquitectura eh... reorganizó todo su posgrado, generando nuevos planes de estudio que agruparon varias maestrías que estaban separadas, uniéndolas entre sí. Se reunieron las 16 maestrías y doctorados en estos tres grandes planes de estudio que son: el plan de estudio de la Maestría y Doctorado en Arquitectura, el plan de Maestría y Doctorado en Urbanismo y el plan de estudios en Diseño industrial; se dejaron sin modificar los programas de estudio de 3 especializaciones que siguen vigentes, sin embargo se van a modificar. En 1999 el plan de estudios de la Maestría en Arquitectura agrupa a 5 de las maestrías que había antes: Análisis y teoría de la historia, Diseño arquitectónico, Economía, Política y ambiente, Restauración de monumentos y tecnología, la Maestría y Doctorado en Urbanismo que reunió en una nueva maestría que se generó, Diseño inmobiliario, a las ya existentes de Desarrollo urbano regional, otra que es Economía, política y ambiente, pero inclinado al urbanismo y otra que es de análisis Teoría de la historia del urbanismo, y Diseño industrial. Agrupo a 3 de las que ya existían en diseño industrial que son: Tecnología, teoría y diseño, Ergonomía; entonces funcionando con los nuevos parámetros del Reglamento General de Estudios de Posgrado, se crearon las figuras que dividen las funciones académicas de las administrativas, antes todo el peso de las decisiones académicas y administrativas caían sobre el jefe de división y su secretario general, en este caso, con las nuevas figuras, las decisiones académicas la toman los coordinadores del programa. El jefe de división y su secretario general, se dedican a la administración y vigilancia de los programas de posgrado entonces. Se crean las bases y coordinación del programa que controlan a su vez, el plan de estudios y los alumnos que se inscriben a él, con la ayuda administrativa de toda la infraestructura que tiene la Dirección de Estudios de Posgrado.

4. E= ¿Para usted qué importancia tiene que los estudiantes tengan una formación en valores y ética profesional en la maestría?

Eo= Bueno, una de las cosas que pasa con la maestría y el doctorado es que los alumnos que han ingresado de licenciatura, no vienen a tener una fase dos del aprendizaje que adquirieron en la licenciatura; la estructura del posgrado se da por seminarios y por la discusión en ellos y el objetivo principal de estos seminarios, en todas las materias, es que el alumno tome de la mano su propia conciencia sobre su hacer arquitectónico y eso implica no solamente tener congruencia entre lo que uno hace y dice sino que también, se ponen en alto todos los valores éticos bajo las herramientas metodológicas de la investigación para que sirvan todas estas herramientas, precisamente para ajustarse en la vida real a un problema y darle solución bajo las mejores condiciones éticas y morales.

5. E= ¿Hay materias en específico que forman en este sentido?

Eo= Todos los maestros y tutores del plan de estudio tienen la obligación, cuando asesoran a los alumnos, de inculcar los valores que tú estás mencionando, siempre se da el caso, en algún momento, en que se está asesorando a un alumno sobre su tesis y sobre el tema que se está manejando, se dan los valores respectivos, lo que tenga que ver, en los seminarios cuando son seminarios de acuerdo a la temática que se va agarrando, se va tomando en cuenta, valores, se van recordando, inculcando en el proceder del alumno, en su formación.

6. E= ¿Actualmente existe alguna materia en el programa que forme valores y ética profesional en los alumnos?

Eo= Bueno, en el plan anterior, en los planes anteriores había una materia que se llamaba Metodología de la investigación y otra que se llamaba Didáctica, en el nuevo plan de estudios a partir de 1999 se eliminó la materia de Metodología de la investigación y quedó la de Didáctica. En la de Didáctica se siguen inculcando estos valores, pero enfocada a los docentes, en la forma de impartir sus clases y la materia de Metodología de la investigación, quedó integrada en los talleres de investigación que tienen todos los alumnos en toda la maestría, no importa qué campo del conocimiento cursen; en algún momento del trayecto del aprendizaje en los talleres de investigación, se van aprendiendo estos valores, que sobre todo, lo más importante, tienen que ver con la profesión, con el área de especialización que los alumnos están tratando de estudiar; sin embargo, creó que hay un par de materias, ahorita no recuerdo el nombre, tendríamos que checarlo en los horarios, que tienen que ver un poco con la ética profesional en alguno de los campos del conocimiento; creo que una está en Diseño arquitectónico y otra en Desarrollo arquitectónico.

7. E= ¿Qué tipo de valores promueven estas materias o, en general, los maestros de las diferentes materias?

Eo= Bueno, sin embargo, sabemos que todos los campos de conocimiento son diferentes y se crean diferentes tipos de especialistas, si hablamos de valores específicos de cada especialidad, para un valuador hay valores específicos que debe tener cualquier valuador porque si no es valuador para un tecnólogo hay valores muy específicos. Lo que sí te puedo decir en general, lo que uno busca es hacer conciencia de honradez, hacer conciencia, ser crítico de tener un pensamiento crítico científico y, sobre todo, tener ética profesional, o sea, no engañar, decir las cosas como son sin temor a que pase lo contrario... eso es lo importante.

8. E= ¿Desde su particular punto de vista, si se da una formación de valores en esta maestría, la formación profesional de los alumnos es integral?

Eo= Bueno (pausa) todos los posgrados tienen cierto grado de madurez. Este posgrado tiene alrededor de 35 años operando, los primeros campos del conocimiento que salieron que tuvieron alumnos fueron el de Restauración y el de Tecnología del programa de arquitectura. Treinta y cinco años de experiencia dicen mucho, sin embargo, como las personas, los programas y los planes de estudio (pausa) necesitan tiempo para madurar. Yo no podría decirte que hemos alcanzado un grado de madurez regular en todos los campos del conocimiento, en todos los programas de maestría y doctorado, no te lo puedo afirmar, pero sí te puedo decir que algunos de ellos, sobre todo los más viejos, sí han alcanzado cierta madurez que les permite manejar una formación integral dentro de un área de especialidad.

9. E= ¿Dentro de esos valores en que se forman la honradez y la ética profesional cómo se podría apreciar la formación de un valor tan importante como es la tolerancia?

Eo= El seminario, como te decía, es la figura central de la estructura principal de todas las clases, incluyendo los talleres de investigación, los profesores tenemos la obligación, dentro de los seminarios, de generar discusión, generar disertación, generar polémica para que los alumnos no aprendan copiando si no aprenden pensando, y en ese aprender pensando, aprenden hablando y aportando ellos mismos. En cada una de estas sesiones de disertación del seminario, el profesor se vuelve uno más de los asistentes a la clase, y toma el papel de otro más que opina, pero a la vez controla o modera la discusión. Es en este ámbito del seminario en donde se aprende el valor de la tolerancia porque en un lado del salón puede haber una persona con una opinión diferente, a otra persona que esté en el otro extremo del salón, y es deber de una clase de este tipo, en una clase donde se genera disertación y polémica, es deber llegar a un consenso de opiniones, un consenso sobre definiciones, un consenso sobre ideas generales, que todo mundo acordamos de lo que debemos aprender de la clase. Si esa es la idea, entonces, el valor de la tolerancia, el valor del consenso se da si se sigue como maestro, como alumno, la mecánica del seminario perfectamente bien.

10. E= ¿Usted finalmente cree que las condiciones sociales y políticas del mundo, como es la globalización, influye en que se dé este tipo de conocimientos de formación de valores o es independiente?

Eo= Yo creo que vivimos en un mundo bastante, digamos, complejo, en todos los aspectos, pero que, además de complejo por todos los medios de comunicación, hacen que ese mundo complejo a la vez sea muy pequeño, una comunidad muy pequeña, es indudable. Hace más de 150 años que esta globalización se viene dando por muchas razones, ahorita, a lo mejor, se aprecia más, hay bandos contrarios, los globalifóbicos y los que aman la globalización, los contrarios, no digo que hay intermedios también, eh. Yo creo que esta comunicación y este conocimiento de lo que están haciendo en otras partes del mundo otras personas es muy importante para aprender a competir, no desde un punto de vista, digamos, capitalista o en la búsqueda de recursos, sino desde el punto de vista de la autocrítica. Para ser mejor profesionista, mejor... investigador o mejor docente, pues necesita uno tener un punto de comparación. Podemos decir que la forma en que se da esta comunicación entre países, entre regiones y entre universidades sirve precisamente para mejorar a cada alumno en su capacidad de autocrítica en la forma en la que puede buscar ser mejor. Si analizamos, por ejemplo, quiénes entran a las maestrías y vemos sus razones, nos damos cuenta que una de las principales razones que buscan es estar más actualizados al día y, sobre todo, tener mayor capacidad para competir en un mundo de profesiones que está bastante concurrido porque hay muchos profesionistas, pero no es que existan demasiados profesionistas si no que todos están enfocados a la misma línea o camino de investigación de trabajo. El posgrado lo que ayuda es a abrir criterios, caminos y ver posibles escenarios de trabajo (pausa) para que estos alumnos se conviertan en personas que caminen por esos caminos despoblados que muy poca gente trabaja y que ya no están tan concurridos como la principal línea de trabajo de cada una de la profesiones, y eso hace que la profesión se enriquezca y que estos alumnos precisamente tomen la decisión dentro del posgrado; la autocrítica siempre se verá enriquecida por el punto de comparación de otros lugares de otras universidades.

11. E= ¿Cuántos alumnos son en el posgrado?

Eo= Son como 100 en maestría y como 80 en doctorado.

12. E= ¿Ambos comparten los mismos seminarios no hay específicos?

Eo= No, lo que pasa es que el trabajo en maestría es trabajo de seminario tutoría; ellos son los que utilizan las aulas, los de doctorado no. Los de doctorado se citan con los investigadores tutores, puede ser en el cubículo de ellos, en el despacho de ellos o en un salón de aquí, pero no es constante, no tienen una fecha sino que estos alumnos se citan cuando tienen un avance de la investigación. Y puede ser en cualquier lugar si, entonces, los de doctorado no tienen aula, pues en un salón de juntas, en la biblioteca que se utiliza como salón de seminario de doctorado para los de cierta área y, aquí, el aula 7 trabaja los lunes como seminario de titulación, para los de Doctorado en Urbanismo.

La globalización y su impacto en la formación de valores y ética profesional en los estudiantes de la Maestría en Arquitectura.
La información aquí redactada, proviene de la visión que aportaron los actores (funcionarios, maestros, alumnos) de la investigación sobre este tema en las entrevistas.

Las preguntas de la entrevista que siguen a continuación, fueron hechas a los maestros de los talleres observados. En el recuadro de abajo aparecen las abreviaturas Ea1, Eo y Ea2, que hacen alusión a los entrevistados, debido a que los actores decidieron permanecer en el anonimato y, como observadora, respeto ese anonimato. Abajo, después del recuadro, se escriben las preguntas de las entrevistas correspondientes al tema tratado.

A continuación se escribe la pregunta de la entrevista que corresponde a este tema, con las respectivas respuestas que dieron los CS, que son los coordinadores de los talleres en donde se realizaron las observaciones participantes.

E = Entrevistador
Ea1= Entrevistada 1
Eo = Entrevistado
Ea2 = Entrevistada 2

E= ¿Cómo cree que influye la globalización en la formación de valores en los estudiantes de la maestría?

Ea1= Si bien es cierto que la globalización es un hecho incuestionable, ineludible, también insustituible, la idea es generar un instrumento, una base teórica, entendiendo a la teoría como una visión a distancia, como una fundamentación de los hechos para dialogar con esa globalización, tomar de ella lo que enriquezca a la localidad y también devolverle un dialogo rico, asertivo. Ahora, también, a qué se refiere la globalización, la globalización, como bien sabemos, se refiere a las fuentes de información, a los medios masivos de comunicación, a los modelos neoliberales a las economías de las trasnacionales y, si bien algunos países lo sentimos, lo sienten como una presión.

Si nosotros tenemos alguna fundamentación podríamos dialogar y, de alguna manera, sortear de hechos. En el taller nos favorecemos de eso, en el taller tenemos bastante actividad gracias a las cuestiones de la globalización nos comunicamos con el resto del mundo, se enriquece la propuesta con nuestros pares académicos, utilizamos los medios masivos de comunicación; me parece que lo hay que hacer es fortalecer el propio para dialogar con esta globalización, y aportarles a ellos una cultura riquísima que tenemos y además con unos valores que no se fundamentan en la economía, nuestra sociedad, no está organizada alrededor de la productividad económica ni tampoco alrededor de las leyes que generan los abogados. Es una cultura arraigada en si misma de manera milenaria se van y se van eslabonando los mitos de una manera maravillosa.

Ea= 2 La verdad soy muy tonta o esto de que se fomenten valores no me quedó muy claro o ¿tu qué piensas de fomentar valores?

E= Bueno, por poner un ejemplo, el ser puntual es un valor profesional, uno como docente llega puntual a sus clases, al preparar sus clases transmite a sus alumnos esos valores con el ejemplo y se pueden desarrollar en ellos esos valores que en un principio se llaman cualidades que a través de la historia ha cambiado el concepto y ahorita en la actualidad se llaman valores.

Ea =2 es ahí probablemente donde no entiendo o no quiero entender si son cualidades; alguien que es puntual es puntual, pero no tiene nada que ver con un valor, los valores son más de una respuesta crítica, y ética la puntualidad no es un valor es una cualidad. Los ingleses que tienen fama de ser puntuales, por ejemplo, pero no por eso tienen más o menos valores, yo puedo participar en la formación de esos valores porque cada uno los tiene que hacer de acuerdo con sí mismos, de acuerdo a la ética de cada uno. En el ambiente socio político urbano-arquitectónico, cada uno tiene que saber: yo me comporto así porque así me siento bien conmigo mismo.

¿Entonces, para usted que es la globalización?

Eo= La globalización es insertarnos en una idea mundial que es realmente buena, yo considero que es buena, pero el país todavía no está en condición de hacerla como en otros países. Yo creo que es buena, yo creo que sí nos debemos mover hacia ella, pero lamentablemente en el país no estamos en condiciones de hacerlo.

Conclusiones

En la entrevista se obtuvo información necesaria para diversos aspectos de la investigación, de las pregunta 1 a la 3 se obtuvieron datos generales de la evolución de la maestría y de la estructura actual. De la pregunta 4 a la 10 se obtuvieron datos sobre la formación de valores en la maestría. Los datos obtenidos de las preguntas 11 y 12 sirvieron para seleccionar al número de alumnos de la muestra que participaron en esta investigación. Y las preguntas 13 y 14, nos arrojaron la incidencia positiva o negativa de la globalización en la formación de valores en los estudiantes de maestría.

De las respuestas anteriores se analiza lo siguiente: Ea= 1, la primera entrevistada, sí sabe qué es la globalización, cómo debe utilizarse y los beneficios que nos aporta y que podemos aportar.

La segunda entrevistada Ea= 2, no definió qué es la globalización y, por lo tanto, tampoco su influencia en la enseñanza de valores dentro de la maestría. Por otra parte, sobre los valores divagó mucho y dijo que éstos son cualidades, pero que no hay una regla clara para aplicarlos que simplemente es a conveniencia de uno.

El tercer entrevistado Eo, sí tiene idea de lo que es la globalización, pero no la relacionó con la enseñanza de valores en la maestría aunque para él, en particular, es importante que se enseñen valores y ética profesional desde la licenciatura.

En este ejercicio se revisó cuándo empezaron a estudiarse los valores, cómo se desarrollaron, destacando las teorías de los valores en las décadas de los 70's y 80's, en que Jean Piaget formuló la teoría del desarrollo moral de los niños; surgieron los demás teóricos en esta área, siendo uno de sus seguidores el pedagogo Lawrence Kohl berg sobre el juicio moral de los niños; basándose en la teoría de Piaget, desarrollándola hasta la edad adulta. Los conceptos de ética, ética profesional, elementos que forman parte del marco teórico conceptual.

Asimismo, se revisó el marco histórico-social del posgrado en la UNAM, que forma parte del objeto de estudio de esta investigación titulada "La formación de valores en los estudiantes de la Maestría en Arquitectura", porque la maestría forma parte de los estudios de posgrado; de este marco histórico-social general, se derivan varios contenidos: La historia de la Maestría en Arquitectura, cómo, cuándo y dónde surgió, su desarrollo y las influencias de las políticas de los organismos internacionales para que se formen valores en la maestría. Para saber el contexto histórico y educativo, de esta maestría que es necesario en la delimitación del objeto de estudio de esta investigación. De esta manera, la postura teórico-conceptual y los cambios en los programas de posgrado surgidos de la política educativa del país, describen los cambios que ha experimentado la Maestría en Arquitectura y se identifica si estos cambios influyen en que se dé una formación en valores y ética profesional a los alumnos.

Bibliografía

González López Amparo Verónica, "La formación de valores y ética profesional en la Maestría de Arquitectura de la UNAM", Tesis de Maestría en Pedagogía, México: Universidad Nacional Autónoma de México, 2007, pp. 33-44.

Especulaciones acerca del origen ideológico del edificio gótico*

MARÍA ELENA HERNÁNDEZ ÁLVAREZ

La arquitectura gótica ha sido objeto de múltiples estudios desde diversos campos de conocimiento ya que no sólo marcó un parteaguas en la historia de la arquitectura sino que prevalece en su función, como en un *continuum*, es decir, por más de ocho siglos su razón de ser sigue vigente. Además, y sin importar credo religioso, el impacto que ejerce sobre toda persona la experiencia espacial de esta arquitectura es indescriptible, transformadora. Leamos a continuación el testimonio del filósofo español Ortega y Gasset:

> Yo soy un hombre español, es decir, un hombre sin imaginación....El arte español, es realista... el pensamiento español, es realista... La poesía española, la épica castiza, se atiene a la realidad histórica... soy un hombre que quiere ante todo ver y tocar las cosas y que no se place imaginándolas: soy un hombre sin imaginación. Y lo peor es que el otro día entré en una Catedral Gótica...Yo no sabía que dentro de una Catedral Gótica habita siempre un torbellino; ello es que apenas puse el pie en el interior fui arrebatado de mi propia pesantez sobre la tierra...Y todo esto vino sobre mí rapidísimamente. Puedo dar un detalle más común a aquella algarabía, a aquel pandemónium movilizado, a aquella realidad semoviente y agresiva... (y ya fuera de la catedral, se sentó a contemplarla y a recordar lo que había vivido dentro de ella) había mirado hacia arriba, allá, a lo altísimo, curioso de conocer el acontecimiento supremo que me era anunciado, y había visto los nervios de los pilares lanzarse hacia lo sublime con una decisión de suicidas, y en el camino trabarse con otros, atravesarlos, enlazarlos y continuar más allá sin reposo, sin miramiento, arriba, arriba, sin acabar nunca de concretarse; arriba, arriba, hasta perderse en una

confusión última que se parecería a una nada donde se hallara fermentando todo. A esto atribuyo haber perdido la serenidad [1].

Y también la idea al respecto que Kant explica como:
(…) el estupor o especie de perplejidad que se apodera de un espectador a su entrada por primera vez a... (Una catedral). Pues aquí es un sentimiento de la disconformidad de su imaginación con la idea de un todo, en donde la imaginación alcanza su máximo, y, en el esfuerzo por ensancharlo, recae sobre sí mismo, y, mediante todo esto, se sume en una emocionante satisfacción... [2].

En esta breve exposición se intenta plantear que para comprender el origen ideológico del edificio gótico es necesario indagar en diversas fuentes históricas, filosóficas y literarias. Con ello se pretende invitar al arquitecto a ir más allá del entendimiento a *posteriori*, meramente descriptivo, objetivo o gráfico, no sólo de este objeto arquitectónico, el edificio gótico, sino de cualquier otro en la historia.

Así, este ejercicio teórico sugiere realizar su correlato aplicado a otros objetos urbano arquitectónicos para sembrar con ello, por un lado, la inquietud por lo transdisciplinar en la formación del arquitecto, y también el compromiso con la arquitectura, desde sus propios supuestos.

En cuanto a la paternidad ideológica de la arquitectura gótica existen variadas e interesantes especulaciones. En este estudio se toman en cuenta cuatro de ellas que, lejos de ser excluyentes, se complementan y, de hecho, presentan importantes coincidencias como la que se refiere a que el lugar geográfico en que surge el edificio gótico es en *L´Ile de France*, situado a unos cuantos kilómetros de París, en Francia. Además, y partiendo de supuestos diferentes y aún opuestos, los cuatro posibles orígenes ideológicos del gótico consideran que los elementos fundamentales de esta arquitectura tales como la luz, la proporción y el manejo de los materiales de construcción, resultan en una monumental obra de arte que conmueve a todo aquél que da lectura a su espacialidad.

En este breve trabajo analizaremos por separado cada una de estas cuatro especulaciones acerca del origen del edificio gótico, ellas son:

1.- La paternidad ideológica del gótico así como la construcción de su arquetipo, se atribuyen a la astucia y temeridad de Suger, abad de Saint Denis en L'ille de France.

2.- Los funcionalistas opinan que el gótico es el resultado normal y progresivo de la ingeniería tectónica de la época.

3- El pensamiento de San Bernardo, monje Cisterciense del siglo XII y defensor de la ortodoxia de su tiempo fue el genoma ideológico del edificio gótico.

4.- El filósofo Whilhelm Worringer demuestra que de la confusa ornamentación nórdica germana parte una línea mística subyacente que encuentra en la sociedad teocéntrica del norte de Europa las condiciones propicias para producir de manera exuberante y espectacular el arte refinado de la arquitectura gótica [3].

Primera propuesta

La primera manifestación formal gótica que se conoce surge en 1148 en la reconstrucción de la abadía de Saint Denis cuyo abad, Suger, mantenía fuertes lazos con la monarquía francesa. Veamos cómo sucedió esto.

Ya desde el año 987 d.C. en el que muere el último monarca de la dinastía carolingia, el poder de la corona se veía amenazado por nobles y vasallos; en este contexto, el rey gobernaba casi únicamente en la L'ille de France y durante el reinado de Luis VII, el consejero principal del trono era el abad de Saint Denis, Suger.

La primera esposa de Luis VII fue Leonor de Aquitania, nieta y heredera de Guillermo IX de Aquitania, reino poderoso en que la cultura y la libertad de pensamiento eran lo cotidiano. Es muy probable que Leonor sostuviese largas y amistosas entrevistas con Suger a quien el rey dejó como regente durante su ausencia para encabezar personalmente la segunda cruzada [4].

Tal como lo sugería la tradición del gran Carlomagno, pero en esta ocasión sin rivalidad de poderes (5), el abad Suger pretendía consolidar la alianza entre la Iglesia y la Monarquía de una manera definitiva, conferir a la dignidad real la dignidad religiosa y con ello unificar a la nación. Por otro lado, Suger conocía bien el contexto sociocultural de su tiempo y estaba consciente de que tras el milenarismo, el fracaso de las cruzadas y la progresiva infiltración de la herejía dualista, el obispo de Roma y, en general la población europea cristiana, estaba ávida y necesitada de santuarios que otorgaran a la comunidad pertenencia e identidad ideológica y cultural. Así, habían comenzado a proliferar en toda Europa reliquias de santos para atraer las peregrinaciones que antaño viajaban hacia Jerusalén. Obviamente, estas peregrinaciones, además de satisfacer la necesidad espiritual de cohesión posmilenarista, eran un fuerte detonante de la economía local de las poblaciones en las rutas.

La competencia de reliquias en Europa fue singular y poderosa en algunos sitios, particularmente en Santiago de Compostela, sitio en que se suponía se habían encontrado los restos del apóstol Santiago. Como Suger, además de ambicioso, era astuto, buscó los recursos ideológicos y materiales para conseguir no sólo la unidad nacional francesa, sino hacer de Francia el centro espiritual y económico de su tiempo. Así, en cuanto a lo ideológico, capitalizó su Abadía de Saint Denis, en donde reposaban nada menos que los restos de Carlomagno, los de Pipino, los de Carlos Martel y los de Carlos el Calvo; todos ellos soberanos coronados en Saint Denis. Además, indagando en la historia de Francia, encontró que San Dionisio el Areopagita [6] era otro importante pilar para sustentar su proyecto porque en su abadía se veneraba a este santo de una manera fuera de lo común, pues era nada menos que el protector de Francia.

Suger no dudó en capitalizar este recurso ideológico y de hecho, la principal pauta de diseño para la reconstrucción de su abadía fue traducir las palabras de Dionisio en palabras de espacio y piedra. Del pensamiento de San Dionisio, Suger extrajo dos principales conceptos que de manera clara, se escribieron en su correlato arquitectónico:

1.- La armonía espacial, es decir, el perfecto parentesco entre las partes y el todo, como proporciones matemáticas en un intento por poner de manifiesto las leyes según las cuales Dios ha edificado el universo.

2.- La milagrosa luz, que inunda los templos como la "Sacratísima Luz Divina". Esta iluminación es la revelación del espíritu [7].

Con todo lo anterior, Suger puso manos a la obra; de Inglaterra y de Normandía mandó traer a constructores [8] que experimentaban con nuevas tecnologías [9]. Una vez concretizada la reconstrucción de Saint Denis, el gótico se convirtió en un paradigma arquitectónico que se replicó muy velozmente en toda Europa [10]. Para finalizar esta primera propuesta acerca del origen del gótico, las palabras del mismo Suger acerca del espacio logrado en Saint Denis fueron las siguientes:

> Cuando -fuera de mi deleite en la belleza de la casa de Dios- el encanto de las piedras multicolores (los vitrales) me lleva lejos de las cuitas externas, y la misma meditación me induce a reflexionar transfiriendo aquello que es material en aquello que es inmaterial, sobre la diversidad de las virtudes sagradas; entonces me parece verme habitando, como si estuviera allí, en una extraña región del universo, que ni existe enteramente en el cielo de la tierra, ni enteramente en la pureza del cielo; y que, por la gracia de Dios, puede ser transportado desde este mundo inferior a aquel superior de una manera anagógica [11].

Segunda propuesta

Los "funcionalistas", otorgan la autoría del gótico a una simple y lógica evolución tecnológica de los tiempos. Viollet Le Duc [12] veía en el gótico la aplicación e ilustración de leyes matemáticas; él mismo se atrevió a reinterpretar remodelando sobre estas ideas -aunque para algunos de manera irrespetuosa- la catedral de Nôtre Dame de París. Esta postura funcionalista acerca del origen del gótico se sostuvo hasta el siglo XIX en que se consideró al gótico como el "arte del cálculo e ingeniería" que toma su inspiración de lo práctico y de lo útil y cuyas formas simplemente expresan la evolución tectónica de su tiempo. Según algunos funcionalistas, el gótico surge precisamente en el momento en que es posible sostener la bóveda ojival de crucería. De este modo, para ellos, un edificio gótico, aparecía con un funcionalismo austero y como un prototipo artístico del que no se podía quitar ni añadir nada sin destruirlo completamente.

El gótico sustituye a los pesados macizos románicos sin llevar intención formal alguna, y gracias a la búsqueda de una economía de material, de una mayor luminosidad interior del edificio y de mayor altura. Este gozarse en la ciencia constructiva es un sentimiento típico del arquitecto gótico y de hecho, según algunos historiadores de la arquitectura, coincide con el criterio del constructor norteamericano del siglo XX [13].

Tercera propuesta

Una tercera postura sostiene que el lenguaje conceptual y místico del gótico le fue dado a la humanidad por San Bernardo, monje cisterciense del siglo XII [14]. En su libro *San Bernardo y el Arte Cisterciense*, Georges Duby trata de descubrir algunas de las concordancias entre el pensamiento de San Bernardo y las formas que procuraban dar a ese pensamiento otra expresión no verbal. Según Duby, San Bernardo, o Bernardo de Claraval, es el patrón de toda la obra cisterciense, y esta a su vez, del edificio gótico. Este arte cisterciense es inseparable de la moral que Bernardo encarnaba y que quería a toda costa imponer al mundo conocido de su tiempo; todo aquello que a Bernardo le parecía que desviaba al pueblo cristiano de la moral, lo persiguió con singular agudeza y potencia [15]. Bernardo de Claraval nace hacia el año 1088 en Borgoña. Hombre versátil, exuberante e incansable líder; de su personalidad, su hermano Gerardo escribe:

> Nada escapaba a su competencia, la arquitectura, la horticultura, la agricultura, dirigía bien a carpinteros, albañiles, jardineros, zapateros y tejedores [16]. Y a cada "oficio" le infundía la misma mística: Si hay canto que sea pleno de gravedad, ni lascivo ni rudo. Que sea dulce sin ser ligero, que agrade al oído a fin de conmover al corazón, que calme la cólera, que no vacíe el texto de su sentido, sino que por el contrario, lo enriquezca [17].

Bernardo incansablemente atacó la moral relajada de la iglesia, se promulgó contra el lujo de la Iglesia, contra la herejía que se sembraba al sur de Francia, contra un papa mal elegido, contra las cruzadas, contra las tentaciones de poder de la curia romana, contra la fastuosidad de los obispos [18]. Antes de que Bernardo impusiese su característica "solemne austeridad", la Iglesia católica realizaba sus ritos en un entorno de lujos, extravagancias y resplandores. Decía San Bernardo:

La inmensa altura de vuestras Iglesias, su inmoderada longitud, su superflua amplitud, su suntuosa decoración y sus extrañas imágenes que atraen las miradas de los fieles y estorban su devoción... ¡Oh, vanidad de vanidades, tan vana como insana!... La Iglesia tiene unos muros resplandecientes pero sus pobres están en la miseria; ella viste sus piedras de oro y deja a sus hijos desnudos; alimenta el ojo del hombre rico a expensas del indigente [19].

Este hombre vivió extraordinariamente dotado de pasión por su ideal; su arte, que fue el de la palabra manifiesta principalmente en su libro *Sermones* de *El Cantar de los Cantares*, marcando un parteaguas en el pensamiento cristiano de su tiempo.

A partir de él, todo en la Iglesia católica se replantearía, y en ello desde luego la concepción de los espacios arquitectónicos. El edificio resultante de esta transformación ideológica, debía ser a la vez figura y equivalencia aritmética de la escritura y resultará válido para San Bernardo si: "(…) el edificio conmueve al corazón, si hace surgir el espíritu ciego hacia la luz, y si lo resucita de su sumersión anterior" [20]. El recinto que Bernardo invita a construir no es ya una basílica, él piensa en el alma, en la "fiesta" interior, y el espacio debe contribuir para lograr esta mística. Así, las elevaciones logradas proyectaban al alma humana hacia el cielo y, si la tecnología del momento hubiese permitido más altura seguramente San Bernardo la habría sugerido, pues era un gran conocedor de las vanguardias de su tiempo. El lenguaje cisterciense se transmutó directamente hacia los edificios góticos en donde su estética reposa sobre un rechazo a lo sensual, el mismo San Bernardo lo dice así:

"...el uso de las cruces de oro será prohibido, se deberán usar cruces de madera, un solo candelabro de hierro será suficiente como símbolo de ardor, de perpetua oración. Los incensarios serán de cuero y oro, las casullas de cáñamo, de lino y lana sin bordados de oro y plata, las capas y túnicas están proscritas. Los cálices dejarán de ser de oro para ser de plata y de corladura. El mantel del altar será de lino sin decoración alguna y las vinajeras no estarán adornadas de oro o plata" [21].

Cuarta propuesta

Muy interesante también resulta la propuesta del filósofo Wilhelm Worringer quien busca la esencia del gótico en la ornamentación nórdica germana. En su propuesta acerca del origen y esencia del gótico, Worringer considera un concepto que será de gran trascendencia para la historia del arte: "la voluntad artística".

Esta voluntad –a la que también llama "creativa"– se encuentra en una esfera muy elevada, donde se encuentra también la evolución de los productos religiosos y filosóficos que revelan la verdadera psicología de la humanidad; son los terrenos de la conciencia, de la subjetividad.

En su libro *La esencia del gótico*, Worringer sostiene que el origen de estilo arquitectónico se encuentra en los pueblos nórdicos germanos que no poseían más arte que la ornamentación. Esta ornamentación estaba hecha siguiendo una fantasía lineal que creaba una maraña con impresión de tener vida propia. Estas líneas muestran una inquietud que va sin descanso como buscando algo, trascendiendo a su propia abstracción, como si tuviese vida propia y deseara nacer, o conducir a algo. Dicha ornamentación, será la base de la multiplicidad y repetición gótica.

Ortega y Gasset nos expresa cómo son esas líneas geométricas góticas:

> Nuestro sentimiento vital se arredra ante esa furia expresiva; más cuando al cabo, obedeciendo a la presión, deja fluir sus fuerzas por aquellas líneas en sí mismas muertas, siéntese arrebatado de una manera incomparable e inducido como a una borrachera de movimientos que deja muy lejos tras de sí todas las posibilidades del movimiento orgánico. La pasión de movimiento que existe en esta geometría vitalizada- preludio a la matemática vitalizada de la arquitectura gótica- violenta nuestro ánimo y le obliga a un esfuerzo antinatural [22].

Worringer nos dice que esas líneas tienen apasionada vida propia que se proyecta hacia el infinito superior, es decir, hacia arriba, hacia Dios.

El arte románico más bien hablaba un lenguaje de pesadez, de realidad terrenal, heredado de los romanos y por lo tanto de lo mediterráneo, el lenguaje gótico, en cambio, expresará su imperiosa necesidad de proyectarse hacia Dios. A pesar de sus limitaciones terrenales, el arte gótico tratará, hasta sus límites posibles, de espiritualizar la piedra con que edificaría sus catedrales. Y en las catedrales, esta piedra parece perder su condición de pesadez gravitacional [23].

El hombre gótico que generó el lenguaje plástico lineal, fue un hombre con características muy particulares, fue el resultado de una evolución específicamente nórdica. Los pueblos arios que no tuvieron contacto con la alta cultura mediterránea, influida por el oriente, produjeron un arte básicamente geométrico que será la base del goticismo. No hay ningún intento de imitar directamente la naturaleza. Su arte es entonces un arte de juegos geométricos lineales con un fuerte contenido metafísico. Este hombre nórdico, no produjo más arte que la ornamentación. El punto de partida de esta ornamentación nórdica lo ubica Worringer en la Escandinavia germánica, pero su lenguaje plástico hace monumental aparición en *L'Ille de France*.

Así, las catedrales góticas lograrían además, ser una suma de piedra que concilió un encuentro mediterráneo y nórdico. Efectivamente, nos dice Worringer, a medida que el gótico de L'ille de France irradiaba su influencia hacia el mediterráneo, la producción conduciría hacia el barroco, con su *intermezzo* renacentista.

Notas

1. Ortega y Gasset, José., "La deshumanización del arte y otros ensayos de estética", México: Alianza Ed., 1991, pp., 101-103.
2. Kant, Immanuel., "Crítica del Juicio", Madrid: S.L.U. Espasa Libros, 2006, § 26, p. 154.
3. Worringer,W., "La esencia del Gótico", Trad. de Manuel García Morente, Argentina, Buenos Aires: Ediciones Nueva Visión, 1967 p.66.
4. A esta segunda cruzada, Luis VII se llevó, casi por la fuerza a Leonor a quien no le concedía la confianza de dejarla tras de sí en Francia. De todos modos Leonor se las arreglaría para hacer de las suyas amorosas con su tío el rey Raymundo. Finalmente Luis VII la repudiaría con el pretexto, muy usado por la Iglesia católica, de crear o destruir alianzas y vínculos entre los poderosos con el propósito de ir fortaleciendo su poder terrenal. Por otro lado, queda a imaginar a Eloisa, mujer intelectual y extraordinaria compañera de Abelardo, presente en los planes de Suger acerca del fortalecimiento de Saint Denis como

centro de las peregrinaciones europeas de esos tiempos. Duby, G. Mujeres del siglo XII., p.p. 15 a 38 y 73 a 109.

5. Había que retomar esa mística carolingia, pero esta vez sin rivalidad entre ambos poderes, el Estado y la Iglesia, ya que, en el caso de Carlomagno, el Papa de Roma pretendía coronarlo simbolizando el poder de Roma sobre todo poder terrenal. Es bien conocido que el emperador rivaliza con el Papa y, al momento en que el papa le colocó la corona sobre la cabeza, él se la quitó para volvérsela a colocar diciendo con esto al soberano pontífice que el poder se lo confería a sí mismo su linaje

6. Cabe aclarar que, bajo el nombre de Dionisio, el ateniense del siglo I, corrieron los escritos de un autor del siglo V; de aquí que le llamen el Pseudo Dionisio. El Dionisio venerado en Saint Denis, Francia es el primero, las ideas las escribió el segundo.

7. En esta sociedad teocéntrica, la luz representa a Dios.

8. Janson, H.W., "Historia general del Arte", Madrid: Alianza Editorial, 1990, p. 503. Aunque se desconoce la identidad de los arquitectos ya que en la época, el promotor fue el mismo abad Suger.

9. Hay quienes han hecho interesantes paralelos entre los diseñadores de las estructuras góticas y los temerarios diseñadores de los rascacielos de nuestro siglo XX, según lo leemos en H.W. Janson, óp. cit., p.500, y ahora en algunas arquitecturas como el caso del Museo de Bilbao.

10. El primero en replicar el edificio gótico fue el obispo de Chartres que se convirtió en el arquetipo del arte gótico. Víctor Hugo considera a Chartres como el pensamiento mismo de la Edad Media, hecho visible. Y sobre la arquitectura gótica, algunos estudiosos del edificio gótico afirman que, una vez establecido el canon del gótico, más piedras se movieron en Europa en ciento cincuenta años que en los tres mil quinientos años en Egipto con la construcción de pirámides y templos.

11. Spiro Kostof, "Historia de la arquitectura", Madrid, España: Alianza Editorial, 1988, pág. 581.

12. Arnold Hausser, "Historia social de la literatura y del arte", Tomo I, Madrid: Ediciones Guadarrama, 1957, p. 301.

13. Gaya Nuño, "Artes nacionales prerrománicos", España: Publicaciones Españolas, 1962 p. 191.

14. Duby, Georges, "San Bernardo y el arte cisterciense: el nacimiento del Gótico", Madrid: Taurus, 1989, pp. 9-13.

15. Tal fue el caso de Abelardo a quien aplasta y casi logra que sea excomulgado. Abelardo fue un goliardo francés contemporáneo a Bernardo y de un origen socioeconómico muy semejante al de él. A Abelardo se le considera como el padre del Humanismo. Bernardo lo

atacó muy duramente durante toda su vida.

16. Duby, Georges, óp. cit., p. 77.
17. Duby, G., óp. cit., p. 77.
18. Pero Bernardo no estaba contra el dinero, de hecho el Císter no tenía "voto de miseria", porque la Regla de San Benito, su fundador, les permitía manejar fondos para subsistir y progresar en número de abadías. Los monjes cistercienses eran trabajadores disciplinados y muy austeros; tomaban lo necesario para su subsistencia y todo el excedente lo vendían para convertirlo en dinero sonante que les permitiese pagar canteros y albañiles. Definitivamente les interesaba el dinero, pero no para lucrar con él . Además, los monjes cistercienses fueron extraordinarios comerciantes en los mercados europeos y de hecho se convirtieron en verdaderos empresarios del comercio con oriente; dejaron a un lado las solemnes e incómodas vestiduras, al estilo cluniacense, y adoptaron formas prácticas para realizar su trabajo con efectividad. También conseguían importantes limosnas en especie mismas que vendían rápidamente a los cluniacenses.
19. Spiro Kostof, óp. Cit., tomo 2, pág. 561. Así era la agudeza de los ataques de Bernardo hacia los cluniacenses y hacia todo lo que él consideraba fuera del camino auténtico de Jesús. Este mensaje austero de Bernardo se verá mas tarde en las órdenes mendicantes como la esencia de su predicación.
20. Duby, Georges, óp. cit., p.82.
21. Ibíd., pp. 124 y 125.
22. Ortega y Gasset, óp. Cit. p. 127.
23. Ibíd., p.129.

Bibliografía

Erlande-Brandenburg, Alain, "La Cathedrale Gothique", París: N. Editions Mame, 1990.

Bachelard, Gaston, "La poética del espacio", trad. Ernestina de Champourcin, México, D.F.: Fondo de Cultura Económica, Breviarios # 183, 1975.

Bayard, J.P., "El secreto de las catedrales", trad. Teresa López García, México D.F: Tikal Ediciones, 1996.

Bayer, Raymond, "Historia de la estética", trad. Jasmín Reuter, México: Fondo de Cultura Económica, 1993.

Benévolo, L., "Introducción a la arquitectura", Madrid: Celeste Ediciones, 1992.

Cassirer, Ernst, "El mito del Estado", México: Fondo de Cultura Económica, 1985.

Delumeau, Jean, "El miedo en Occidente", vers. Castellana de Mauro Armiño, Madrid: Ed. Taurus, 1989.

Duby, Georges, "San Bernardo y el arte cisterciense", Madrid: Ed. Taurus Humanidades, 1992.

_____, "Año 1000, año 2000, la huella de nuestros miedos", trad. Oscar Luis Molina S., Santiago de Chile: Ed. Andrés Bello, 1995

_____, "Mujeres del siglo XII", Mauro Armiño, Santiago de Chile: Ed. Andrés Bello, 1995.

Fernández, Clemente, "Los filósofos medievales", Madrid: Biblioteca de Autores Cristianos, 1979.

Fulcanelli, "El misterio de las catedrales", trad. J. Ferrer Aleu, Barcelona, España: Plaza y Janés Editores, 1993.

Gallimard Jeunesse, "L'art de construiré", Italia: Ed. Libraría, 1994.

Gaos, José, "Historia de nuestra idea de mundo", México: Fondo de Cultura Económica, 1983.

Gaya Nuño, Juan Antonio, "Artes nacionales prerrománicas", en Historia del Arte Universal, México: Ed. Everest, 1979.

Hartmann, Nicolai, "Estética", trad. Elsa Cecilia Frost, México: U.N.A.M., 1977.

_____, "Introducción a la filosofía", trad. de José Gaos, México: Instituto de Investigaciones Filosóficas, Universidad Nacional Autónoma de México, 1969.

Hauser, Arnold, "Historia social de la literatura y del arte", Barcelona, España: Ed. Labor, 1983.

Hegel, G.W.F., "Estética", trad. Alfredo Llanos, Buenos Aires: Ediciones Siglo Veinte, 1983.

_____, "Lecciones sobre la Filosofía de la Historia Universal", Trad. José Gaos, Madrid, Alianza Universidad, 1985.

Janson, H.W., "Historia general del arte", Madrid: Alianza Editorial, 1990.

Kant, Manuel, "Crítica del juicio", Trad. M. García Morente, México: Espasa Calpe, 1990.

Longinus, William Smith, "On the sublime", Traducción T.S. Dorsch, Baltimore, Maryland, U.S.A.: Penguin Books, 1739.

Macaulay, David, "Cathedral, the story of its construction", Boston Massachusetts, U.S.A.: Houghton Mifflin Co., 1976.

Ortega y Gasset, José, "La deshumanización del arte", Madrid: Rev. de Occidente, 5a, ed., 1958.

Pijoan, José, "Summa Artis", España: Espasa Calpe, 1944.

Ramos, Samuel, "Estudios de estética, filosofía de la vida artística", en Obras completas, tomo III, México, UNAM, 1991.

Raymond, M., "La familia que alcanzó a Cristo", Madrid, España: Alco Artes Gráficas, 1974.

Rossi, Leandro y Valsecchi, Ambrogio, "Diccionario enciclopédico de teología moral", Madrid: Ediciones Paulinas, 1980.

Spiro Kostof, "Historia de la arquitectura", Madrid, España: Alianza Editorial, 1988.

Swaan, Wim, "The Gothic Cathedral", New York, U.S.A.: Park Lane, 1969.

Worringer, Wilhelm, "La esencia del estilo gótico", Trad. de Manuel García Morente, Argentina, Buenos Aires: Ediciones Nueva Visión, 1967.

_____, "Naturaleza y abstracción", Trad. de Mariana Frenk, México: Fondo de Cultura Económica, 1953.

*Artículo publicado el la revista Arquitectónica No. 11 de la Universidad Iberoamericana, 2007.

75

La importancia de un marco de certificación de eficiencia energética para el diseño sustentable en México

ADRIÁN LÓPEZ LÓPEZ

"El desarrollo sustentable es aquel desarrollo que responda a las necesidades del presente sin comprometer la capacidad de las generaciones futuras de satisfacer las suyas." [1]

Introducción

Este texto centra su búsqueda en la importancia de un marco de certificación y calificación de eficiencia energética para la arquitectura sustentable en México, asimismo, surge dada la exigencia de la actual demanda social sobre los aspectos que intervienen y modifican un elemento para su desarrollo sustentable, desprendiendo un creciente interés hacia cubrir una demanda con mayor eficiencia; por ello surge esta idea, pretendiendo entender el significado que adquiere la sustentabilidad y la eficiencia energética en el contexto del diseño arquitectónico. En este caso, se entiende que la incidencia de estos conceptos en el desarrollo de espacios habitables y funcionales, se ha vuelto importante y necesario para el uso cotidiano de los objetos.

En un primer inciso se presenta el contexto global, identificando el origen y la manera en cómo surge el concepto de desarrollo sustentable y/o sostenible, a fin de comprender cómo y por qué llegamos a esta necesidad. En este sentido, para entender cómo este modelo de desarrollo sustentable se ha ido enfocando a la directriz de la arquitectura, se hace un breve esbozo sobre los inicios del postmoderno en países desarrollados y posteriormente se traslada al ámbito del México contemporáneo.

Surgimiento del concepto: desarrollo sustentable

Para entender el tema, se necesita de primera instancia saber el contexto político mundial y conocer cómo surge la orientación de este concepto en los países desarrollados a través de las necesidades dadas en estos tiempos, mencionando los cambios contrastantes de ideologías y estructuras urbanas.

Entonces, iniciando con una retrospectiva de diez años sobre las condiciones políticas, económicas y social-ambientales, vemos que en el periodo de 1980 a 1990, existe una crisis económica global proveniente de finales de 1979, por lo que en lo político encontramos un ajuste estructural por medio de reformas de neoliberalismo y privatización. En lo social se desarrollaron conceptos de inversión de recursos a largo plazo y se empiezan a establecer más los focos de pobreza extrema. Los problemas y soluciones a esto se buscaron resolver por medio del aumento de la productividad y la reducción de gastos económicos, así, el inicio de la reducción del desgaste ambiental se incrementa por parte de la iniciativa del sector privado, siendo este sector el que da el financiamiento, asimismo, figuran como los responsables por gestionarlos. Posteriormente, de 1991 a 2010, se busca tener un planeta con definición e inducción del "desarrollo sustentable", surgiendo desde lo económico un enfoque hacia la pobreza y hacia lo ambiental, a la par que se desarrollan ideologías de género y equidad en todos los aspectos. El punto ambiental toma importancia y demanda la creación de normativas, códigos y leyes que genera la parte gubernamental, para trabajar y controlar a la par del sector privado, la construcción y urbanización de las ciudades.

En este periodo surge como primera vez en el informe Limits to Growth [2] en 1972 poco antes de la crisis del petróleo y a partir de los vínculos entre crecimiento global y la escasez de recursos naturales, el desarrollo sustentable o desarrollo sostenible, dicho correcto de las dos formas, según sea la traducción.

Posteriormente, el primer libro, donde encontramos los mismos conceptos es *Only one Earth* [3]. El concepto "sustainable development" fue establecido en 1987 por la Comisión Mundial sobre Desarrollo y Medioambiente, y se define como: "satisfacer las necesidades de la presente generación sin comprometer la habilidad de futuras generaciones para satisfacer sus propias necesidades" [4]. Teniendo actualmente más de 80 definiciones, es así como en los años noventa se desarrolla el modelo de "desarrollo sustentable" para ser una oportunidad de envolver en conjunto la problemática social, cultural y ecológica de los asentamientos humanos. Surgiendo este estudio a partir de los resultados de la pobreza mundial, el desequilibrio en el medio ambiental y de los diferentes modelos de desarrollo económico.

Componentes del desarrollo sustentable

En México de 1980 a la fecha hay un aumento significativo de la población en ciudades importantes que no tienen el poder de absorber estos cambios y dejándola con carencias y abandonada en zonas del ámbito rural. Esto se refleja en México en la inestabilidad económica como problema principal, llevando a los gobiernos a tener que acudir a un endeudamiento económico con los bancos mundiales y poder sostener estos cambios en los niveles de pobreza, donde la gente tiene pocas oportunidades de trabajo, o son nulas o están mal pagadas, aunadas con la falta de transporte y movilidad. Con los crecientes asentamientos de auto construcción, sin regulación y con la creciente demanda de vivienda que genera localidades con marginación social, aumento de contaminación e inseguridad, entre otros. Tenemos que lidiar, al mismo tiempo, con el aumento de precios de productos primarios nacionales, con la incorporación de productos extranjeros. Es entonces, imprescindible encontrar diferentes opciones y soluciones a estos problemas prioritarios que a largo plazo nos han dejado una comunidad con un contexto urbano desestructurado, sin integración del ámbito arquitectónico. Y buscar diseñar una ciudad que se acerque a una integración sustentable, organizada y que mire a lo social y ecológico.

Aunque tenemos el creciente intercambio de cultura y productos, como los tratados de libre comercio, con países desarrollados, aún existe una gran falta de atención e introducción de los conceptos de desarrollo sustentable a los países en vías de desarrollo. Esto se debe a que estos ámbitos medioambientales son de una preocupación secundaria o muchas veces nula. Actualmente, esta evolución del concepto, aplicaciones y normas en países desarrollados se encuentra en un crecimiento constante, acelerado y con metas rigurosas establecidas por comisiones de gobiernos, organizaciones medioambientales y sociales, para desarrollar un vínculo de certificación, tanto de edificios como de ciudades con fines renovables, energéticamente hablando. Han desarrollado reglamentación y lineamientos para los arquitectos,

Adrián López López

técnicos, desarrolladores y para la comunidad, obligando a estos países a cumplir forzosamente con las expectativas constructivas de los edificios para lograr un nivel de calidad elevado, hablando de ser eficiente energéticamente y consiguiendo esta certificación al intentar consumir menos energía.

Es hasta 1992 que este concepto se traspasa a México, relacionando su situación geográfica, densidad y distribución con los resultados de la pobreza, el desequilibrio en el medio ambiente y el desarrollo económico. México es un país con algunas ciudades que necesitan del desarrollo sustentable, debido a la cantidad de contaminación que generan diario, al aumento horizontal de las ciudades y a los contrastes de nivel social y cultural. Erróneamente se han imitando ciudades de Estados Unidos, siendo este país el último modelo que se debiera seguir en criterios de sustentabilidad. Es así como en los años noventa se genera el modelo de desarrollo medio ambiental adaptado a ciudades como México, con la oportunidad de envolver en conjunto la problemática social, cultural y ecológica de estos asentamientos humanos, pero sin comprender todavía de fondo lo que ello significa.

Definición de eficiencia energética

"La eficiencia energética es el consumo inteligente de la energía. Estas fuentes de energía no son infinitas y, por lo tanto, se necesita tener una correcta utilización, una necesidad del presente para que podamos disfrutar de ellas en un futuro. Ser más eficiente no significa renunciar a nuestro grado de bienestar y calidad de vida. Simplemente, se trata de adoptar una serie de hábitos responsables, medidas e inversiones a nivel tecnológico y de gestión periódicamente" [5].

Los conceptos de eficiencia energética se incorporan a los patrones del modelo de desarrollo sustentable en los aspectos arquitectonicos, enfocándolos desde el punto incial, es decir, desde la conceptualización del proyecto arquitectónico, adaptándolo con materiales y estrategias de diseño, teniendo en cuenta a:

Elementos de estudios que dan como resultado un menor consumo de energía eléctrica.

Adaptación de diferentes estrategias sustentables para el uso y desarrollo del sistema energético.

Posibilidad de tener más resultados y beneficios al final, con menos recursos y reduciendo el impacto al medio ambiente.

Debido a que el sector de la edificación representa el 40% del consumo energético de la mayoría de las ciudades, es importante integrar la reducción del consumo de energía en este ámbito al momento de construir y generar por prioridades un marco normativo para estas ciudades con objetivos de eficiencia energética, por medio de directices y pautas de diseño.

Normativa

En espera de un entendimiento, concreto, real y conciso de lo que es el desarrollo sustentable, sus variantes y la líneas paralelas en todos los campos que conlleva el conjunto de elementos, estrategias, metas y alcances que lo envuelven; llevamos todos estos elementos a un marco de normativa. Es decir, en el país se necesita un punto de referencia para iniciar el estudio y se adapta a un marco de la normativa para Estados Unidos y para la Unión Europea, con lo cual, nos lleva a estudiar cuáles son las similitudes, diferencias y adaptaciones posibles para una estructuración real a México.

Elementos de una normativa sustentable

Una normativa es un conjunto de reglas adoptadas por las autoridades jurisdiccionales para regular el proyecto y la edificación, las reformas y las reparaciones, la calidad de los materiales y los diversos factores relacionados con los edificios; además han de imponer una serie de requerimientos. Este conjunto de normativas, implementadas por la parte gubernamental lleva a tener un control y una capacidad de estudio, censo y adaptacion de edifciaciones sustentables.

Síntesis de marco de certificación para países de la Union Europea

Las normas o directices en otros países deben tener por objeto promover la eficiencia energética de las edificaciones, y la eficiencia energética integrada de los edificios o de las partes del edificio, ya sean existenes o nuevas. Incluyendo una metodología de cálculo de la eficiencia energética para estas edificaciones

Los países miembros de estos desarrollos sutentables, deben de tener la obligación de adoptar, a todos los niveles, una metodología de cálculo de la eficiencia energética de los edificios, teniendo en cuenta ciertos elementos, de los que sobresalen:

Estudio de condiciones ambientales en el interior.
Capacidades térmicas en edificación.
Aislamiento en edificación.
Adaptaciones de iluminación incorporada.
Control de instalación en agua caliente así como calefacción.
Control de instalación de aire acondicionado.

Este tipo de estrategias, así como elementos generan una influencia positiva en el desarrollo de la producción eléctrica por cogeneración, la exposición solar local, los diseños con iluminación natural y los sistemas de refrigeración y calefacción urbanos o colectivos que también se pueden adaptar.

Mínimas

Los miembros tienen la obligación de generar, con acuerdos de la metodología de cálculo anteriormente dicha, requisitos mínimos de eficiencia energética para poder llegar a los óptimos niveles con respecto al costo de los mismos. Este nivel de requisistos se establece un tiempo de revision, por gestión de estas mismas edificaciones, dependiendo de la distinción que se haga hacia edificaciones nuevas o ya existentes, asi como la diferencia que tengan los usos del edificio. Asimismo, establece las normas y exigencias que se deben de respetar, tiempos y sistemas de construcción, al poder ser objetos de integridad de una zona ubranistica y ser parte de las instalaciones de los servicios de abastecimientos de energías renovables.

Las edificaciones existentes, son objetos de estudio y adaptación de estas normas cuando tienen alguna renovación importante, sabiendo que esto trae una mejora de su eficiencia energética, asi como tener que realizar partes de requisitos. De estos tipos no aplica en:

Edificicaciones historicos.
Edificicaciones de culto.
Construcciones provisionales.
Edificaciones menores a 60 m^2.
Edificaciones con poco uso.

Cuando son de instalación nueva, se sustituyen o modernizan los sistemas técnicos del edificio como los sistemas de calefacción, agua caliente, climatización y grandes instalaciones de ventilación, que también deben cumplir los requisitos en materia de eficiencia energética.

Los países miembros adoptarán las medidas necesarias para garantizar que cuando se proceda a la sustitución o mejora de los elementos de un edificio que integren la envolvente del edificio y que repercutan de manera significativa en la eficiencia energética de dicha envolvente (por ejemplo, marcos de ventana), se fijen unos requisitos mínimos de eficiencia energética para ellos, con el fin de alcanzar unos niveles óptimos de rentabilidad. Siempre que se reconstruye o renueva un edificio, la presente directiva fomenta la introducción de sistemas inteligentes de medición del consumo de energía, con arreglo a la directiva sobre normas comúnes para el mercado interior de la electricidad.

Objetivo: edificios de consumo de energía casi nulo.

La comisión promueve el crecimiento del número de edificios de este tipo, mediante la puesta en marcha de planes nacionales que incluyen:

La aplicación detallada en la práctica por el Estado miembro de la definición de edificios de consumo de energía casi nulo. Objetivos intermedios para mejorar la eficiencia energética de los edificios nuevos en 2015 a más tardar.

Información sobre las políticas y medidas financieras o de otro tipo adoptadas para promover los edificios de consumo energético casi nulo.

Incentivos comerciales y barreras financieras.

Los países miembros se encargan de establecer una lista de instrumentos existentes y potenciales cuyo objetivo es promover la mejora de la eficiencia energética de los edificios. Esta lista se actualiza cada tres años.

Certificados de eficiencia energética

Los países miembros deben poner en marcha un sistema de certificación de la eficiencia energética de los edificios. Esto último incluye, en especial, la información sobre el consumo energético de los edificios, así como las recomendaciones relativas a la mejora de los costes. Los gobiernos se encargan de poner en marcha un sistema de control regular de los sistemas de calefacción y climatización de los edificios.

Siempre que un edificio o una parte de un edificio se proponga para la venta o renta, el indicador de eficiencia energética del certificado de eficiencia debe figurar en la publicidad que aparezca en los anuncios de propaganda del inmueble.

Durante la construcción, venta o alquiler de un edificio o de una unidad de un edificio, este certificado se mostrará al nuevo inquilino o al comprador potencial y se le transmitirá.

En cuanto a los edificios con una superficie total superior a 500 m² que estén ocupados por una autoridad pública y los edificios con una superficie total superior a 500 m² que reciban visitas frecuentes del público, se colocará el certificado de eficiencia energética en un sitio claramente visible (dicho límite se reducirá a 250 m² el 9 de julio de 2015).

Critica

Una vez visto los temas centrales de la normatividad sobre la sustentabilidad y eficiencia energética, así como la falta de estas pautas en países como México, para poder avanzar hacia el desarrollo arquitectónico y urbanístico que se genera actualmente en algunas ciudades; visualizamos la falta de enseñanza de una mentalidad multidisciplinaria desde los niveles anteriores a los universitarios, así como universitarios, no enfatizando en puntos arquitectónicos, sino en criterios de ahorro, de eficiencia en todos los términos posibles. En la formación actual del arquitecto, es hasta el posgrado donde se llega posiblemente a conocer estos términos, por ello, se necesitan encontrar las aplicaciones distintas de estos desarrollos sustentables y contribuir a la enseñanza de estos conceptos. Esta carencia se ve permeada en la falta de la normativa y obligación por parte del gobierno para poder enseñar y saber adaptar los programas que se dan desde pre universitario, con una mentalidad y cultura hacia el desarrollo sustentable, para generar un criterio de cuidado, reciclaje, ahorro, huella ecológica, y huella económica.

En la parte de posgrado, tenemos una escasez de elementos de apoyo, hablando de los tecnológicos, debido a que estos estudios y estrategias ya en arquitectura sustentable, generan una demanda de programas, instalaciones adecuadas, programas más completos para poder estar al día con esto y ser competitivos en los proceso y modelos actuales para detener los cambios climáticos, ya que son efectos actuales y no son elementos de estudio para proyectos del futuro.

Propuesta

Considerando las distintas formas de intercambio de información de conceptos sustentables, encontramos la falta de la regulación de la normativa para la construcción de los edificios, así como el control y gestión, por parte de leyes que regulen las limitaciones de las demandas. Esto generado por la falta de un código técnico de construcción con las directivas de sustentabilidad, al no existir estas leyes, utilizamos la comparativa y los estudios de otros países, generado una adaptación no total, ni real que se adecue a las necesidades de la demanda de la población. La capacidad de adaptación de la arquitectura a la eficiencia energética en México y a los parámetros de confort en base al clima de este país, son indispensables para poder regular la limitación de la demanda, las instalaciones, la seguridad, la eficiencia energética y calidad de temperatura interior, a través de la envolvente y de todos los elementos técnicos y de diseño necesarios.

Evidentemente toda esta información tendría que ser adaptada a las reglamentaciones gubernamentales, adosándola con normativas medioambientales y diseños ecológicos de productos. Mediciones que deben hacerse con respecto a la regularidad de la sustentabilidad en cada país, como:

Normativa del diseño.

Normativa de especificaciones del materiales.

Normativa de especificaciones del sistema sostenible.

Incitando a los planes de estudios y e instituciones educativas para regular y estudiar el lugar donde se construye y donde se establecen las edificaciones para la creación de energías renovables, sin afectar el entorno. Resultando de esto, una propuesta de objetivo global vinculante y perseguir un porcentaje probable del 20% como cuota de energía generada a partir de fuentes renovables en las ciudades, ya que en la actualidad encontramos algunas con 1.05%, otras nulas y otras como Suecia que tiene un 40%. Asimismo, se pueden integrar y desarrollar proyectos de energía solar, geotermia, bio masa y otros muchos de energías renovables.

La normativa, también tendría que tener dos ramas, la normativa para edificios nuevos y otra sobre los edificios existentes. Los nuevos edificios, con objeto de determinar la metodología de cálculo considerando aquellos factores que tienen mayor incidencia en el consumo de energía con la finalidad de suministrar al usuario la información que le permita saber si es eficientemente energético o no, si tiene ahorro su edificio mediante un certificado de la eficiencia energética que es la expresión del consumo de energía que se necesita para cubrir la demanda de ese edificio en unas condiciones normales de funcionamiento y ocupación.

En edificios existentes, proponer un cambio a la edificación con eficiencia energética, probablemente cuando se compre – venta o arrendamiento, por medio de reformas y adecuaciones para pasar por un estudio y generar el certificado del mismo. Así se pueden ir definiendo las reformas en un edificio y lograr un porcentaje del metraje del mismo.

Alcances.

Escala edificación.

Escala urbanística.

Escala cuidad sustentable.

Se pueden generar etiquetas en cada tipo de edificio e integrar sistemas vinculados, dependiendo del ahorro de energía, contaminación y eficiencia. Esto nos indica que sin un entendimiento real, no podemos alcanzar una enseñanza óptima de la sustentabilidad, es decir, tenemos una idea de lo que significa, pero no sabemos incorporarlo a la vida diaria; un ejemplo de ello, es cuando exigimos que un electrodoméstico sea ecológico y que tenga la etiqueta de verde, pero no exigimos que el espacio arquitectónico sea ecológico y tampoco prevemos el lugar en donde pondremos este electrodoméstico. En estos espacios, en donde desarrollamos nuestra vida diaria, no exigimos como característica importante la etiqueta verde y haciendo una comparativa de la vida útil entre el electrodoméstico y el espacio arquitectónico, veremos que el factor de impacto y tiempo sobre el contexto de una edificación arquitectónica sustentable es mayor a la de un electrodoméstico. De esta manera podemos entender la importancia que cobra la creación de normas y controles sobre la arquitectura.

Problema para la enseñanza

Pero ¿cómo se traspasa la sustentabilidad y eficiencia energética al estudio en el salón de clases?, ¿cómo se enseña y se interpreta el "que no se me escape el calor o que no me entre el calor"? La tendencia actual de globalización que nos ubica como una ciudad en progreso algunas veces, y otras nos descalifica, observa a la clase social económica dominante, que se determina por los proyectos arquitectónicos que muchas veces son resultados de las copias generadas de una arquitectura de países ya desarrollados. Cosa que muestra la necesidad de repensar y restablecer un cambio educativo con una identidad cultural y arquitectónica que vaya acorde con la sociedad. Es necesario sensibilizar al estudiante en el aula de clases, conocer teorías y procesos de pensamientos adaptados a nuestra realidad con apoyo a la carencia actual existente sobre el desarrollo sostenible y no de otros países.

Contextualizando estos conceptos encontramos que la enseñanza de estos desarrollos sustentables, se genera hasta grados mayores, faltando así, un pensamiento sistémico de desarrollos sustentables desde el inicio de su enseñanza, careciendo de:

Programas tecnológicos de apoyo al estudio – aplicación de la sostenibilidad.

Marco de calificación y eficiencia energética.

Demanda social de calidad.

Valoración de conceptos bio-ecológicos.

Aumento de calidad de vida.

El pensamiento sistémico
Falta de pensamiento sistémico

El generar la educación con respecto a un nivel sistémico, crea una forma de enseñanza multidisciplinaria inicial. En este punto "la tarea de generar un pensamiento crítico como un proceso intelectualmente disciplinario que permita concebir, analizar, sintetizar, aplicar y evaluar la información derivada de la observación, experiencia y rescisión. A la vez, se busca dicha información este basada en valores intelectuales universales que trasciendan el contenido del conocimiento con claridad, exactitud, rescisión, constancia, relevancia, evidencia, amplitud y justicia para, así pasar del pensamiento crítico a una actitud crítica" [6].

El pensamiento sistémico desarrolla en la educación la capacidad de ver más adelante, de saber cuáles son los resultados más lejanos a una toma de decisiones, es decir, la enseñanza del desarrollo sustentable, en contra de lo que se hace actualmente, se debe de fraccionar y debe motivar que el alumno llegue con un pensamiento de ahorro, de huella ecológica en todos los campos de sustentabilidad, hasta un estudio de posgrado: podremos incorporar el estudio de la arquitectura sustentable para generar un resultado real, dirigir una conciencia e incorporarla a la actualidad. Así, con esta forma de pensamiento del alumno, sabremos que el resultado de lo que hacemos, tiene un segundo y tercer efecto, egresar alumnos que traen conceptos de ahorro, los prepara para adaptar con tecnologías su estudio hacia las arquitecturas sustentables, proyectando como resultado a un futuro muy lejano, el poder vivir en colonias con ahorro energético, urbanizaciones con eficiencia en el consumo de energía y así hasta una cuidad altamente efectiva.

La creación de una normativa de proyectos sustentables, estudiada, adaptada e incorporadas a las normas de construcción actual en México, nos obliga a pensar en una institución estructurada que audite desde la concepción del proyecto arquitectónico, el proyecto ejecutivo, la construcción sustentable del mismo, y la gestión final de estos edificios por medio de una certificación. Es decir, creamos un vínculo adicional de estudio a los edificios y así poder tener un control del número de edificios tanto nuevos como existentes en México para su estudio y alcance sustentable. Utilizando tópicos de acción prioritaria como:

Plan de desarrollo urbanístico.
Plan de desarrollo económico.
Cesión urbana sustentable.
Cambios en licitaciones.
Estrategias en servicios de vivienda.

Servicios ambientales.

Mantención.

Planificación de usos.

Políticas de transporte.

En segundo término, encontramos la posibilidad en un futuro, de poder desarrollar esquemas de colonias, barrios, delegaciones y ciudades sustentables, pensadas desde un inicio, buscando viviendas básicas con energías renovables, depuración de aguas residuales a escala urbanización y la perspectiva de vertederos nulos. Y lograr una equidad social, cultural entendida con los conceptos ya establecidos sobre ahorro, renovación, reciclaje y la necesidad e importancia de la existencia de ésta. Para la integración de los asentamientos urbanos sustentables, teniendo una población que incluye el vocablo ciudad como relevancia de cambio a los procesos de deterioro ambiental.

En cuarto termino, incrementamos el valor del metro cuadrado de propiedad sin importar el uso de éstos, es decir, el valor de un edificio ya no sólo es el del muro, piso y losa, será además el valor de la eficiencia energética a partir de las etiquetas, para tener un mayor valor el hecho de que una propiedad contamine menos, hasta poder llegar a un consumo cero y/o promover edificios de alta eficiencia energética.

Y, por último, el incremento de la productividad económica, generada a partir de la realización de todos estos sistemas de control y gestión, todos estos productos con etiqueta sustentable, toda la producción y capacitación de personal para lograr este fin. La falta de estos entendimientos genera que no exista un marco de certificación y calificación, para saber qué nivel de desarrollo tenemos en los edificios, así como quién nos da esta certificación de una forma correcta de creación, de pensamiento, de forma de vida y de calidad de vida confortable.

Notas
1. Cumbre de la Tierra, Declaración de Río, Principio 3°, Río de Janeiro, 1992.
2. Limits to Growth, Instituto Tecnológico de Massachusetts, Club Roma, 1972.
3. Only one Earth, The care and maintenance of a small planet, Barbara Ward, 1972.
4. *Informe Brundtland*, Comisión Mundial sobre Desarrollo y Medioambiente, 1987.
5. Elaboración propia / EDESA.
6. Salas, H. 2013.

90

Bibliografía

World Bank, "World Development Report 1992. Development and the Environment", Washington: Oxford University Press, 1992.

UNDP, "Cities, people, and poverty: urban development cooperation for the 1990's", Washington, 1991.

World Bank, "Urban Policy and Economic Development; an agenda for the 1990's". Washington: Oxford University Press, 1991.

La configuración didáctica de la experimentación proyectual en el proceso de enseñanza-aprendizaje

LUCAS PERÍES

Este artículo sintetiza y reflexiona sobre la experiencia docente desarrollada por más de 10 años en diversas cátedras del contexto de la Universidad Católica de Córdoba y de la Universidad Nacional de Córdoba (Argentina). Ejercitaciones realizadas con estudiantes universitarios de grado, de la carrera de arquitectura de ambas instituciones [1].

El escrito incluye información estadística —a modo de discurso paralelo—, referente a una encuesta realizada en 2013 a 100 estudiantes. La encuesta incluye preguntas sobre aspectos del proceso de aprendizaje y la actividad en laboratorio proyectual. Los resultados se distribuyen en correlación con los contenidos de cada apartado.

En el contexto académico citado, la experimentación proyectual se desarrolla en el marco de asignaturas del área de la Morfología arquitectónica y del Paisaje urbano. Se trata de actividades curriculares de carácter eminentemente proyectual, que no presentan dicotomía teoría-práctica, sino que ambos aspectos están integrados en la unidad del proyecto. Las asignaturas se concentran en el estudio de la generación y las propiedades de la forma, con eje en el tema del espacio urbano-arquitectónico. El énfasis de la estrategia pedagógica está enfocado en el estudio profundizado, intuitivo y creativo de los principios esenciales de la materia y los materiales, como una modalidad inicial para la generación y el diseño del espacio. Se orienta específicamente a la indagación de preexistencias y potencialidades creativas contenidas en las materias, tanto densas como sutiles, derivando en la búsqueda de una práctica morfológica experimental y sensible. El orden geométrico y la percepción constituyen otros dos pilares fundantes de la propuesta pedagógica. La geometría orienta, regula y ordena la forma. La percepción, como la sensación resultante de una impresión material o inmaterial, deriva en la comprensión o conocimiento del espacio, su envolvente y límite.

El desarrollo de la experimentación proyectual y la reflexión sobre la misma, produce el escenario en el que se ensayan las nociones enunciadas. Se trabaja específicamente en la etapa de "ideación", [2] explorando el desarrollo de una "arquitectura de proceso" por sobre el esquema clásico de la arquitectura de partido [3].

El laboratorio proyectual

El contexto experimental se relaciona con el espacio donde se desarrolla el proceso de enseñanza-aprendizaje, que es "el taller", el cual implica mucho más que un espacio físico. Es el ámbito en el que se desenvuelve la ejecución de las actividades prácticas, la construcción, el intercambio, la confrontación, la reflexión, la exposición y la crítica. El taller como un espacio más próximo a un laboratorio experimental que a un aula de actividades prácticas convencional. Un laboratorio proyectual en el que se induce a una actitud investigativa y se estimula al descubrimiento para explorar, por sobre todo, la lógica de los procesos proyectuales –desde la intuición–, en un acto simultáneamente colectivo e individual, propiciado por el medio.

"El laboratorio es el lugar donde el conocimiento experimental es ideado y construido. El modelo cognitivo del laboratorio es opuesto a otros modelos para la construcción del conocimiento, como la academia, las leyes u otras instituciones, lugares donde los juicios se forman sobre lo que viene del pasado y deriva su legitimización del pasado. El laboratorio es un lugar donde experimentos son realizados y repetidos, donde operaciones y ejercicios son llevados a cabo, donde nuevo conocimiento es producido por la producción de datos originales". (Inés Moisset, 2009).

El entorno de trabajo –en referencia al pensamiento de Edith Litwin (1997) funciona como una estructura mediadora que, al mismo tiempo que organiza y condiciona, puede restringir o potenciar las actividades. Las dimensiones espaciales, los artefactos, las personas, las herramientas y materiales, la información (visual y/o sonora) definen la estructura mediadora a la que nos referimos.

Las actividades que se realizan en el taller, pueden estar limitadas de artefactos y medios (computadoras e internet, por ejemplo), por los recursos del contexto institucional. Los estudiantes, en algunos casos, llevan al taller sus computadoras portátiles, pero la gran mayoría emplea los medios digitales en momentos y ámbitos externos al trabajo en el taller. Las actividades "áulicas" se desarrollan en dimensiones analógicas [4] con dibujos y modelos físicos (tangibles).

En la universidad pública, el taller se despliega en un contexto de "masividad". En la situación de la "universidad de masas" [5], es condición primordial la aplicación de técnicas pedagógicas y creativas para la administración de los recursos, que promuevan la integración, articulación y cooperación del capital humano (docentes y discentes), el capital didáctico-pedagógico (contenidos, prácticas y procedimientos) y el capital técnico (medios físicos y material de trabajo). Al mismo tiempo, la condición masiva, implica un esfuerzo y compromiso especial de los docentes por conocer la problemática particular del estudiante para sostener y consolidar el grupo humano. La masividad impacta directamente en el entorno de trabajo sobre la relación docente-alumno y en la relación dimensional del espacio y las personas que lo ocupan. En la universidad privada las condiciones mejoran.

El taller proyectual no es abordado como un "correctorio", entendido como un espacio en el que un profesor "corrector" se encarga de corregir las pruebas de los alumnos, sino como un lugar para la elaboración conjunta entre los estudiantes y el profesor. El rol del docente de taller es entendido como un transpositor y no como un reproductor. Transpositor es quien ejerce la acción y efecto de transponer [6] o transponerse, en relación a la transmisión del conocimiento.

La actividad del taller-laboratorio implica tanto la acción motriz como la acción cognitiva —el pensar—, y en este caso con sentido crítico-reflexivo. Las jornadas de taller se desarrollan en sesiones de producción individual o grupal, de exposiciones y de críticas colectivas.

La estrategia planteada para el laboratorio proyectual, intenta oponerse a la lógica tradicional de enseñanza de la proyectación como un "taller de oficios", en el que no se enfoca ni sistematiza la experiencia, sino el producto del proceso desarrollado. Las prácticas proyectuales y la enseñanza de la proyectación, se realizan con un acercamiento al método fenomenológico [7] destacando el accionar intuitivo, observando sucesos y registrando cada una de las instancias del proceso, a partir del descubrimiento, el análisis, la deducción y la lectura crítica de los resultados.

El enfoque clásico del proceso proyectual como arquitectura de partido –lo que Alejandro Zaera Polo (1998) determina como categorías establecidas de "causa y efecto"–, es remplazado por el de arquitectura de proceso. El interés se sitúa en el desarrollo de "procesos proyectuales evolutivos", transitando desde lo abstracto a lo concreto y trabajando con la indeterminación apriorística [8].

"Este tránsito –por lo común– de lo abstracto a lo concreto, desde lo borroso a lo tangible, es la compleja historia del proyecto, (…) desde las más embrionarias intuiciones formales, hasta su concreción final, pasando por las sucesivas aproximaciones sustentadas por lo racional (la lógica, lo objetivo, lo transmisible, las técnicas operativas, el mundo mecánico, programable, verbalizable), la sensibilidad (lo subjetivo, lo intuitivo, lo comunicable –el mundo afectivo y cultural–), y lo casual (lo imprevisto, el azar –el mundo de la sorpresa, la zona de la bifurcación)". Gustavo Scheps (1996).

Se trata de lo que Naselli denomina en su configuración didáctica como "pensar haciendo" [9]. Una estrategia de la enseñanza del diseño que tiene sus orígenes en el contexto de la Bauhaus, denominada allí como "aprender haciendo" (learning by doing), método al que Claudio Guerri y William Huff (2007) lo identifican como asociado directamente a Laszlo Moholy-Nagy en su paso por el Vorkurs [10] y representan por medio de una cita de Hin Bredendieck (1962) que reproducimos a continuación: "El énfasis es puesto sobre los aspectos manipulativos, sobre el entrenamiento antes que sobre el conocimiento". Naselli lo plantea como la operación primera de accionar en lugar de intelectualizar para luego hacer, en referencia al método que prioriza la manipulación de la materia y los materiales, ante el conocimiento teórico.

La estrategia didáctica-proyectual empleada, hace énfasis en los procedimientos operativos como desencadenadores de prácticas reflexivas en los estudiantes, más que en los resultados de los proyectos, desde la exploración fenomenológica.

La fenomenología propone la experimentación previa a la teoría, para que en ausencia de coerciones consagradas como instrucciones de un saber inmodificable, el estudiante ejercite y desarrolle sus capacidades deductivas y críticas, para luego abordar la teoría. Se trata de la producción de hechos y procesos que son observados y registrados en todas sus instancias para determinar consecuencias observacionales, resultantes de los datos emergentes de las distintas fases que integran los procesos. De este modo, se genera conocimiento desde la propia experiencia para luego confrontarlo, enriquecerlo y desarrollarlo con la teoría. Un modo alternativo de aproximación al saber "absoluto".

La modalidad de exploración fenomenológica abordada, se ejecuta experimentando desde la realidad y reflexionando sobre la experiencia; para luego abordar la teoría y actuar consecuentemente. Es por ello que el material bibliográfico no es el disparador de los ejercicios; se programa en momentos posteriores a la experimentación intuitiva de los estudiantes sobre los problemas, los instrumentos y las materias-materiales.

La configuración didáctica

La configuración didáctica es un concepto promulgado por Edith Litwin, quien manifiesta que "(…)es la manera particular que despliega el docente para favorecer los procesos de construcción del conocimiento" (1997). En este apartado intentaremos sintetizar la configuración didáctica propuesta, aunque hay aspectos que ya fueron mencionados en el parágrafo anterior.

Las reglas del "juego" las fija la cátedra y el docente en cada comisión de estudiantes. Cómo jugar el juego, bajo esas reglas, lo define cada estudiante con sus tácticas y estrategias. Para Naselli las reglas del juego sobre las que se basa el proceso de diseño "(…) son el paradigma o contexto de conocimiento sobre el cual o en el cual se juega el juego creativo del proceso y que se expresa en las normas metodológicas" (2007).

El paradigma de conocimiento propuesto es el de "la complejidad", con la intención de estudiar el la generación del paisaje urbano-arquitectónico contemporáneo, en su dimensión compleja, empleando para ello lógicas técnico-compositivas y principios geométricos en sintonía con el contexto de conocimiento seleccionado orientados a los alcances y capacidades del nivel de los estudiantes. Durante siglos, el hombre ha entendido al mundo como producto de un orden racional, compuesto de objetos simples y concretos, gobernados por las leyes de las matemáticas y los modelos deterministas. La ciencia moderna, de la teoría cuántica al caos, revela la existencia de un universo muy complejo y dinámico, por consecuencia, se generan nuevas maneras de percibir el mundo provocando cambios de paradigmas y mentalidades, nuevas y múltiples miradas. La complejidad – como paradigma contemporáneo imperante–, define el contexto filosófico de conocimiento para el desarrollo creativo de los procesos proyectuales, al mismo tiempo que permite comprender y generar el paisaje artificial contemporáneo.

Las normas metodológicas son las indicaciones estructuradas en los planteamientos de las exploraciones guías del trabajo práctico, como cierto método que estructura fases generales del proceso, comunes a todos los estudiantes. Podemos entender a estas normas como las reglas del juego, a las que se le suma el establecimiento de un cronograma temporal para ·el desarrollo de las fases generales, los formatos y escalas de trabajo, las modalidades de labor de los equipos, etc.

En definitiva, se trata de las reglamentaciones que ordenan la estrategia didáctica, como un "macro método" que define cierto camino a seguir para producir la experimentación. En paralelo a este macro método, se desarrollan los "micro métodos" que son los generados –consciente o inconscientemente– por los estudiantes. Experiencias basadas en estrategias personales –asociadas a la estructura del macro método– que definen singularidades y multiplicidades de miradas a un idéntico problema; al mismo tiempo que producen múltiples modalidades de resolver ese problema con objetos de diseño alternativos.

Ante la consigna y temática de las actividades planteadas en las experimentaciones, se propone la elaboración grupal de hipótesis de trabajo en el marco de laboratorio proyectual. De este modo, los estudiantes no sólo se interiorizan en el significado y sentido de una hipótesis, sino que logran estructurarla y trabajar en función de la misma.

Las hipótesis derivan en múltiples operaciones y procedimientos para abordar resultados diversos, similares o enfrentados, pero alineados en la misma hipótesis propuesta en consenso por todos los integrantes de cada comisión. Esta modalidad de trabajo permite realizar comparaciones de experiencias y resultados, empleando para tal fin la "crítica de trabajos" en situación grupal o colectiva; de donde surgen las observaciones de los fenómenos detectados y se construye el conocimiento teórico desde la base de lo experimentado. De la mera exploración con la materia, a la construcción del conocimiento.

La dinámica particular de clase se orienta hacia la experimentación y reflexión crítica de las ejercitaciones, en sintonía con el concepto de "laboratorio proyectual". Se incorpora intencional y explícitamente la experimentación en el proceso de enseñanza-aprendizaje, como ejercicio consciente y con juicio crítico –análogo al método científico–, para estimular la producción colectiva del conocimiento.

La crítica

La crítica en condición colectiva es un contenido procedimental y una herramienta didáctica para emplear en el laboratorio proyectual, por dos cuestiones principales: su valor pedagógico en respuesta al contexto masivo y principalmente por la posibilidad que brinda para la producción del conocimiento de manera conjunta entre todos los implicados.

El término "crítica" deriva del latín *crisis* y del griego *krinein*, que significa "separar" y también "decidir". La crisis implica una ruptura que demanda un análisis, de allí corresponde el entendimiento de la crítica como el análisis o estudio de algo para emitir un juicio; y de allí también el de criterio que es el razonamiento adecuado. El diccionario de la Real Academia Española la define como: "Mutación importante en el desarrollo de otros procesos, ya de orden físico, ya históricos o espirituales". La crisis nos obliga a pensar, por tanto, produce análisis y reflexión, para derivar en una mutación o simple evolución de los procesos proyectuales, en este caso. Naselli se refiere al "punto crítico = punto de crisis" como la instancia de "(…) cambios, transformación, alteración, mutación o anulación y/o destrucción del sistema entero o alguna de sus partes(…) donde culmina el proceso y pasa de un estado a otro, de una naturaleza a otra" (2013), como consecuencia de ejercer la crítica. Este contenido procedimental pretende infundir en los estudiantes el pensamiento reflexivo y fundamentado sobre los modos de hacer y teorizar en la arquitectura.

Según la configuración didáctica propuesta, las clases se inician con una exposición y crítica colectiva sobre el avance o la producción desarrollada posteriormente a la clase anterior. La crítica colectiva no sólo permite el análisis de los procesos y productos en equipo, sino también, que se aprenda de los trabajos y experiencias de los compañeros.

En la crítica que realizamos, el propio proceso se vuelve objeto de estudio, el estudiante desarrolla una práctica de autoevaluación poniendo a prueba el trabajo realizado –según su criterio personal– al mismo tiempo que es confrontado por los demás estudiantes, reflexionando sobre las intenciones, los sucesos y el producto de lo producido. El interés radica en estimular el pensamiento crítico en una construcción de diálogo en el taller. Frente a esta situación, los estudiantes deben valerse de criterios para argumentar sus observaciones y valoraciones. La crítica colectiva también desencadena posiciones disímiles o enfrentadas que diversifican el pensamiento y enriquecen la discusión y, por ende, la construcción del conocimiento.

Las críticas no son estructuradas previamente, se "disparan" y discurren aleatoriamente. Se realizan bajo una estructura no-lineal, puesto que los procesos en arquitectura no son lineales. El proceso de diseño implica una constante retroalimentación de conceptos, intenciones, informaciones y acontecimientos.

Ante la carencia de estructura programática se establecen parámetros de valoración deducibles de: fortalezas, debilidades y potencialidades. Estos parámetros permiten que los estudiantes conozcan el estado de los trabajos, provocando una "crisis" que incentiva el análisis reflexivo, y otorgando recursos para reorganizar y/o reorientar el proceso de diseño y de aprendizaje. Permiten conocer en que deberían trabajar, más allá de transmitir que aspectos o cuestiones de su trabajo están bien o están mal. Los parámetros se definen como:

Las fortalezas son los aspectos fuertes (positivos) del trabajo, que han sido manejados con mayor destreza, habilidades, capacidades o creatividad.

Las debilidades corresponden a aspectos erróneos, ignorados u obviados, que no han sido desarrollados o equivocadamente enfocados, que necesitan ser revertidos.

Las potencialidades son los aspectos que se insinúan, pero que no se desarrollan, las "huellas" de algo prometedor que se puede impulsar.

En esta modalidad de crítica, se hace presente la comparación de los procesos como una actividad donde se seleccionan aspectos que pueden emparentarse promoviendo el dialogo entre pares. La comparación exige el trabajo de elaboración de criterios para la propia comparación y para poder observar diferencias y similitudes.

La crítica tiene como finalidad a la aplicación, en su misión de relacionar la teoría con la práctica. La aplicación se relaciona con un desarrollo autónomo por parte del estudiante: el hacer o rehacer luego de la crítica. Por lo tanto, la aplicación implica una labor intelectual de los estudiantes, postcrítica —en un tiempo posterior a la crítica—, que determinará las cuestiones y el modo de aplicar en función o imbuido por determinadas reflexiones de postcríticas. Al mismo tiempo, se desarrollan capacidades para accionar o ejecutar, según determinados criterios o fundamentos elaborados.

Durante la crítica sucede un proceso de transacción de significados. Por parte de los actores involucrados se suceden aportaciones que desencadenan en "negociaciones" de esos significados —como valoraciones positivas o negativas—, que van a modificar a los sujetos y sus procesos proyectuales individuales. Estos significados, como conceptos o ideas, suscitados en la crítica de los objetos y sus procesos, producen "imágenes acústicas" —representaciones mentales de lo oído—, que repercuten en el desarrollo de los proyectos. "Cuando los estudiantes se comprometen con un pensamiento de nivel superior, se presenta la incertidumbre y los productos educacionales no son siempre predecibles" Edith Litwin (1997)

La enseñanza proyectual desde el modelo de la experimentación procesual, apunta a superar el pensamiento repetitivo de información fáctica y procedimientos estructurados.

En el laboratorio proyectual se estimula a los estudiantes a que desarrollen sus propios procedimientos, partiendo de un problema al que se le debe encontrar la respuesta o solución, en este caso de diseño. No se aportan procedimientos universales o consagrados para la resolución de esos problemas; contrariamente, cada estudiante debe generar sus propios procedimientos derivando en la producción del conocimiento, al mismo tiempo que se plantean nuevos problemas derivados del inicial o de la propia práctica instrumental −como proceder−, para desarrollar en un futuro próximo sus propios procesos.

Notas

1. El presente artículo deriva de la investigación doctoral: "Estereotomía topológica como instrumento innovativo en la generación morfológica del paisaje urbano-arquitectónico", desarrollada por el autor en la Universidad de Buenos Aires. Las fotografías y gráficos corresponden a registros o diseños elaborados por el autor.

2. Consiste en una secuencia de traducción de la idea a la imagen y forma paisajística. Un pensamiento se convierte en una imagen mental, que en el proceso traductivo, es trasladada de la dimensión intelectual a la dimensión física real, en una secuencia de abandono de la abstracción para adquirir materialidad formal, funcional y técnica, hasta arribar a una proto-arquitectura, que no implica el desarrollo pormenorizado del proyecto, pero que posee el "mapa genético" para su evolución.

3. De origen y derivación francesa: *"prende parti"*, tomar partido, tomar una decisión.

4. Entendido como el antónimo de los sistemas digitales.

5. Concepto empleado luego de la reforma universitaria de 1968, en oposición a la universidad para la élite.

6. Colocar a alguien o algo más allá del lugar que ocupaba, en dimensión o espacio diferente al tradicional.

7. Método filosófico desarrollado por Edmund Husserl, basado en intuición intelectual, partiendo de la observación y descripción de los fenómenos y objetos para lograr captar la esencia pura de dichas entidades, trascendente a la misma consciencia.

8. En oposición al método que emplea sistemáticamente el razonamiento a priori.

9. Concepto desarrollado en el ámbito del Instituto del Diseño de la Universidad Católica de Córdoba, bajo su dirección.

10. Uno de los cursos obligatorios dentro de la Bauhaus, de carácter preliminar, enfocado en los principales componentes del lenguaje visual: color, textura, forma, materiales, etc.

Bibliografía

Bredendieck, Hin, "The legacy of the Bauhaus", The Art Journal 22, 1962.

Guerri Claudio y William Huff, "Tres maestros del diseño preliminar en la Bauhaus", Designis 11, 2007.

Litwin Edith, "Las configuraciones didácticas, una nueva agenda para la enseñanza superior", Buenos Aires: Paidós, 1997.

Moisset Inés, "Investigar y proyectar: fronteras híbridas", material inédito. Córdoba: Maestría en diseño de Procesos Innovativos, UCC, 2009.

Naselli César, "Las nociones de proceso y método como instrumentos para el diseño", 30-60 Procesos proyectuales, 12, 2007.

Naselli César, El rol de la innovación creadora en la lógica interna del diseño arquitectónico. Córdoba: EDUCC - I+P, 2013.

Scheps Gustavo, Redes invisibles, interpretación del proceso de proyecto, Montevideo: el autor, 1996.

Zaera Polo Alejandro, "Un mundo lleno de agujeros", El Croquis 88/89, 308-323, 2001.

Sobre los autores

Patricia Barroso Arias

Arquitecta titulada por la Facultad de Arquitectura de la Universidad Nacional Autónoma de México, Maestra en Arquitectura (Mención Honorífica) y doctorando en la misma institución. Impartió cátedra a nivel Licenciatura en la Universidad Tecnológica de México, en la Universidad Latinoamericana y participó como profesor invitado en ISTHMUS Escuela de Arquitectura y Diseño de América Latina y el Caribe en la Ciudad del Saber en Panamá. A nivel posgrado, impartió diversos seminarios en las Maestrías de Arquitectura y Diseño de Interiores en la Universidad Motolinía del Pedregal. Fue Coordinadora General de la revista Arquitectura y Humanidades, CIEP F/A UNAM, tuvo a su cargo la Secretaría Académica de la Escuela de Arquitectura de la Universidad Latinoamericana, fue Coordinadora del nodo México-Argentina de la Red Hipótesis de Paisaje y fue Investigadora en el Área de Investigaciones y Posgrado (APIM) Universidad Motolinía del Pedregal. En el ámbito Internacional ha participado como ponente en diversos foros académicos y desde el 2001 a la fecha, ha publicado diversos ensayos en revistas académicas, especializadas, científicas y de divulgación cultural en países como México, Argentina, Chile, Costa Rica, Perú, Guatemala y España; colaborando también en arbitrajes para la Revista Mexicana del Caribe editada por el Instituto Mora y para Ciencia Ergo Sum editada por la Universidad Autónoma del Estado de México. Ha participado en la elaboración de los libros "La arquitectura en la poesía" y "El espacio en la narración: Arquitectura en la cuentística hispanoamericana contemporánea, una selección", editados por la F/A UNAM, contribuyó con algunos capítulos para el "Cuaderno latinoamericano de arquitectura No. 2", para los libros "Hipótesis de paisaje" de i l p editorial en Argentina y para el libro "De otros asuntos e historias de la arquitectura: interpretaciones poco conocidas o no divulgadas" de la FA/CIEP de la UNAM. Es autora de los libros "Ideas de arquitectura desde la literatura I", "Teoría e investigación proyectual en la producción arquitectónica" y "La expresión arquitectónica, su forma, su modo y su orden", editados por Architecthum Plus, México-USA. Actualmente participa como Tutora para estancias de investigación y como Co tutora en el Programa de Maestría en Arquitectura de la Universidad Veracruzana, es Profesor de Asignatura Nivel "B"

Definitivo en la F/A de la UNAM, donde imparte las asignaturas de Teoría de la arquitectura y de Proyecto, es Coordinadora de Contenido Editorial para la Colección "Arquitectura y Humanidades" en la Editorial Architecthum Plus y participa en el Atlas de Autores de textos teóricos de i+p editorial en Argentina, asimismo realiza varias investigaciones como autora independiente. En el campo profesional ha trabajado en empresas particulares realizando diversos proyectos de vivienda, accesibilidad urbana, diseño de mobiliario y remodelaciones de casa habitación.

Carlos I. Castillo C.
Arquitecto nacido en 1984 en la Ciudad de México, egresado de la Universidad del Valle de México, Maestría en Arquitectura en el Campo de Diseño Arquitectónico en la Facultad de Arquitectura de la UNAM. Proyecto de investigación orientado en conocer la esencia inmaterial que origina al objeto urbano arquitectónico.

María Elena Hernández Álvarez
Nació en la Ciudad de México. Doctora en Arquitectura, (Mención Honorífica) UNAM; Maestría en Humanidades, Licenciatura en Arquitectura y Master (MDI) U. Anáhuac. Inicia labor docente en 1972; ha impartido diversas cátedras en la ESIA del Instituto Politécnico Nacional, la Universidad Anáhuac, la Universidad Iberoamericana, la UNAM y el Instituto Superior de Ciencia y Tecnología, A.C. Fue Directora de la Escuela de Arquitectura del ISCYTAC (Gómez Palacio, Durango. México). Autora del *libro Arquitectura en la Poesía* (UNAM); coautora con la Dra. Margarita León Vega del libro *El espacio en la Narración* (UNAM); autora del libro *Supuestos morfogenéticos de la Arquitectura. El caso de la Catedral Gótica*. Ha publicado artículos en Universidades y en revistas especializadas. Ponente y organizadora en diversos foros nacionales e internacionales. Ha dirigido numerosas tesis de licenciatura, maestría y doctorado. Fundadora y Directora de la publicación en Internet www.architecthum.edu.mx. Fundadora y Directora de Architecthum-Plus, S.C., editores. En ejercicio libre de la profesión ha desarrollado y edificado diversos proyectos arquitectónicos. Titular del Seminario de Área y Taller de Investigación "Arquitectura y Humanidades" en el Programa de Maestría y Doctorado en Arquitectura de la Universidad Nacional

Autónoma de México. Medalla "Alfonso Caso", UNAM por tesis doctoral. Miembro del Jurado del Premio Universidad Nacional y Distinción Nacional para Jóvenes Académicos. Reconocimiento de la Dirección General de Estudios de Posgrado UNAM a tesis doctoral en la Colección 2002. Miembro de Número de la Academia Nacional de Arquitectura. Consejera Técnica (2006-2012) representante de los profesores de Posgrado, Facultad de Arquitectura, UNAM.

Karina Contreras Castellanos

México 1974. Maestra en Arquitectura (mención honorífica) por la Universidad Nacional Autónoma de México, obtuvo el grado en el año 2014 con la tesis "El espacio en el espacio: vacío intangible de potencialidad poética". Realizó sus estudios de licenciatura como arquitecta en la Universidad Iberoamericana, titulándose en el año 2000. Ha realizado además otros estudios de posgrado y especialización en la Universidad Politécnica de Cataluña en Barcelona, España. Su experiencia profesional abarca proyectos independientes y en despachos en la Ciudad de México y Barcelona. Actualmente se dedica a realizar proyectos arquitectónicos por cuenta propia y es docente a nivel de maestría en el Posgrado de la Facultad de Arquitectura de la UNAM en Ciudad Universitaria, México D.F. espaciocuatro33@gmail.com

Amparo Verónica González López

Maestra en Pedagogía. Experiencia en docencia universitaria y posgrado presencial y virtual, asesora de trabajos de investigación y tesis desde hace 9 años. Fue docente en educación media, abierta y virtual por 2 años, impartiendo las materias de Taller de redacción y Lectura y estrategias de aprendizaje. Fue Consultora para la Dirección General de Centros de Formación para el Trabajo, en el desarrollo de paquetería para curso a nivel Técnico. Ha colaborado en la elaboración de planes y programas para diversos cursos, textos, manuales y elaboración de exámenes. Tiene Capacitación en elaboración e impartición de cursos para el ISSTSE, PRD y la PGR. Actualmente ejerce la docencia en nivel básico.

María Elena Hernández Álvarez
Nació en la Ciudad de México. Doctora en Arquitectura, (Mención Honorífica) UNAM; Maestría en Humanidades, Licenciatura en Arquitectura y Master (MDI) U. Anáhuac. Inicia labor docente en 1972; ha impartido diversas cátedras en la ESIA del Instituto Politécnico Nacional, la Universidad Anáhuac, la Universidad Iberoamericana, la UNAM y el Instituto Superior de Ciencia y Tecnología, A.C. Fue Directora de la Escuela de Arquitectura del ISCYTAC (Gómez Palacio, Durango. México). Autora del *libro Arquitectura en la Poesía* (UNAM); coautora con la Dra. Margarita León Vega del libro *El espacio en la Narración* (UNAM); autora del libro *Supuestos morfogenéticos de la Arquitectura. El caso de la Catedral Gótica*. Ha publicado artículos en Universidades y en revistas especializadas. Ponente y organizadora en diversos foros nacionales e internacionales. Ha dirigido numerosas tesis de licenciatura, maestría y doctorado. Fundadora y Directora de la publicación en Internet www.architecthum.edu.mx. Fundadora y Directora de Architecthum-Plus, S.C., editores. En ejercicio libre de la profesión ha desarrollado y edificado diversos proyectos arquitectónicos. Titular del Seminario de Área y Taller de Investigación "Arquitectura y Humanidades" en el Programa de Maestría y Doctorado en Arquitectura de la Universidad Nacional Autónoma de México. Medalla "Alfonso Caso", UNAM por tesis doctoral. Miembro del Jurado del Premio Universidad Nacional y Distinción Nacional para Jóvenes Académicos. Reconocimiento de la Dirección General de Estudios de Posgrado UNAM a tesis doctoral en la Colección 2002. Miembro de Número de la Academia Nacional de Arquitectura. Consejera Técnica (2006-2012) representante de los profesores de Posgrado, Facultad de Arquitectura, UNAM.

Adrián López López
Arquitecto, cursó un Master de Arquitectura Sostenible y eficiencia energética, en la Universidad Politécnica de Catalunya, donde se gradúa con honores. Cuenta con estudios de la especialidad en tecnología de viviendas industriales en la ETSAM de la Universidad Politécnica de Madrid y cursos en el COAM de envolventes. Es catedrático en la Licenciatura y Maestría de Arquitectura de la

Universidad Motolinía del Pedregal en el ámbito sustentable con reconocimientos por su labor docente. Es Director y cofundador de DKA Arquitectura, oficina de Arquitectura y Sustentabilidad ubicada en la Ciudad de México, es una empresa preocupada por generar nuevas pautas de diseño aplicando los elementos y recursos naturales como la orientación, las energías renovables, la iluminación y la ventilación natural, usando el menor número posible de materiales y creación de espacios con tendencias en diseño y puntos modulares. Sus obras más destacadas son: Sede de oficinas de la Sociedad Mexicana de Oncológica, Pet Planet México, Proyecto casa STC 123, Proyecto librería Wiser Books & Coffee, Propuesta BIO-CASA para DGOP y el diseño de mobiliario interior sustentable.

Lucas Períes

Arquitecto por la Universidad Nacional de Córdoba (UNC). Doctorando en el Programa de Doctorado de la Universidad de Buenos Aires. Magíster en Planificación y diseño del Paisaje por la Universidad Católica de Córdoba (UCC). Posgrado en Principios de diseño en el Instituto del Diseño, UCC. Profesor en la Maestría en Diseño de Procesos Innovativos y en la Maestría de Arquitectura Paisajista, UCC. Profesor de las carreras de Arquitectura en FAUD-UNC y FA-UCC. Profesor invitado en la Universidad Nacional Autónoma de México, en la Pontifica Universidad Javeriana de Bogotá y en la Universidad Nacional de San Juan. Director de proyectos de investigación en UCC. Intégrate de proyectos de investigación coordinados en el Centro Marina Waisman, UNC (2001-2007). Director de Trabajos Finales de Posgrado nacionales e internacionales. Becario del CONICET (2003-2006) y de SeCyT-UNC (2001-2002). Coautor del Libro: "Gestionar el diseño" (I+P, 2014). Coautor del Libro: "Procedimientos para un catálogo del paisaje urbano" (I+P, 2013). Coautor del Libro: "Catálogo del Paisaje del río Suquía en la Ciudad de Córdoba, Vol. 1" (EDUCC, 2012). Coautor del Libro: "La ciudad en transformación" (I+P, 2012). Autor del Libro: "Miradas Proyectuales, complejidad y representación en el diseño urbano arquitectónico" (Nobuko, 2011). Coautor del Libro: "Paisajes inmiscibles" (EDUCC, 2009). Expositor en congresos nacionales e internacionales con múltiples es-

critos publicados en revistas especializadas y actas de congresos. Colaborador periódico de la revista 30-60 Cuaderno Latinoamericano de Arquitectura.

Otros títulos de la Colección **Arquitectura y Humanidades**:

Volumen 1:
Perspectivas de la arquitectura desde las humanidades I

Volumen 2:
Poética arquitectónica I

Volumen 3:
Espacios Imaginarios I

Volumen 4:
Arquitectura y lo sagrado I

Volumen 5:
Historiografías e interpretaciones de los hechos arquitectónicos I

Volumen 6:
Arquitectura, lugar y ciudad I

Volumen 7:
Paisajes arquitectónicos I

Volumen 8:
Existiendo, habitando lo arquitectónico I

Volumen 9:
Un encuentro de la arquitectura con las artes I

Volumen 10:
Enfoques de la arquitectura desde la filosofía I

Volumen 11:
El espacio privado e íntimo I

Volumen 12:
Reflexiones en torno a un método del diseño arquitectónico I

The Blue and the Maize

Stories & a Novelette

by

Ismael Marrero

ISBN: 978-0-6151-5073-4

FIRST EDITION

Printed in the United States of America

Contents

"No one has known … the things you know,
and you have, as the artist of the whole matter,
an authority that no one has approached."

–Jack Saunders, Screed

The Kitchen Wraith

WHEN HE spotted the first note it was early night and summer, and the blinds complained meekly at the window. And not until after the revelation finally had come to him would he be able to decipher its meaning. For now, however, he stood in the kitchen in T-shirt and rugby shorts, arms akimbo, and moved his lips to the text, as he might have at a museum gallery, peering into the mystery suspended before him.

Nonsense, he told himself. This is nonsense, and in pencil even. Who'd write something like that? Who'd stand here in the kitchen and without my knowledge put down this nonsense—and in pencil? How long has it been there on that pad hanging on a nail? As no answers came he thought eventually, Forget it.

He would forget about the note, until some eight months later, when he found a second one on a similar square of paper on the hanging pad—this one also in pencil, in the same hand, and just as indecipherable. He wanted to dismiss this new note; compounded, however, as it was by the as yet unsolved origin of the first one, he could not.

At least this time he thought there was a connection, for he remembered that weeks before he was to be married he had left his notebook unattended on the bar at the pub and had come back to find that a friend had scribbled an anti-marriage remark in it; and the handwriting now seemed a match with that of the kitchen notes, although the remark had appeared in ink. OK, so Curt has left the notes, that son of a bitch. But why, and what the hell do they mean?

He would never approach Curt about the first two notes (the third one, hell yes), because only weeks after the pub incident he would receive via e-mail from another friend a note that ended with the same text as the second note. The e-mail was from Harry, and he remembered that Harry had been in the apartment once to pick him up before a baseball game—but only once. So even if he had been responsible for the first he could not have been for the second, even though the two had appeared in pencil and seemingly by the same hand. Now the mystery widened, began to engulf him until it unnerved him. The writing's on the wall, he thought, and laughed as he recalled biblical Daniel, he of the pit of fire and the den of lions. I too am in a pickle and could use your luck, Danny boy.

With this much he could console himself, however: That he himself had not written the notes; as drunk as he might have been on those nights when he staggered into the kitchen late from the pub to jot down ideas for a story, the handwriting was not his own, did not seem his own, seemed more legible than his own when indeed he had written while drunk. Also that it had not originated from his girlfriend-cum-wife; after much needling he decided this to be true, or at least he chose to dismiss her as a suspect for fear of further annoying her or having her question the soundness of his mind, inquiry of which was his sole domain. That, too. That he was not insane—or no less sane than anyone else who had a riddle on his hands that would not be solved. So he would go on.

Months would transpire without recurrences of the notes or for that matter other such mysteries, and not once would he relive the occurrences for anyone else—not his wife or his closest friends or even strangers at a bar, least of all himself. Why bother? There was no context for this mystery save his own religious upbringing, which taught him that heaven and hell did exist, that faith was blinder than love, that doubt was for suckers, and that our eyes could be opened to the secrets of the air if only we would let them be opened for us. His mother had been the primary broker in this upbringing, flitting as she had from one religion to the next like a moth to brighter flames, first Pentecostalism then Catholicism then Adventism before backsliding into Pentecostalism. Not to mention her own Caribbean spiritual experience, which comprised elements of these particular sects and her father's own brand of mysticism—a combination of animism, pantheism, Rosicrucianism.

(I remember spending summers with him on the island, waking up behind a mosquito net in that cold concrete hut every morning to the sound of him praying to the sun, but not just the sun, also to the elements and the earth and every rock on the planet and every tree that grew there and every plant that shared space and air with him and all of them together. There'd be the smell of a tobacco pipe, yup, even at that hour of the day, 'cause when you're blind every hour must seem like every other. Then, when he was ready for a morning walk, his prayer would subside into some unintelligible song, yet another cryptic thing that would hook itself to a crag in my soul.)

So it was that he decided, before he was to visit New York City with his new wife to stay with his mother, to mention the notes to her for he knew that she would hold the proper perspective, the context for the mystery that he beheld, and might offer an inkling into its meaning and (with luck) a course of action. At the least she would sympathize and not question the sincerity of his concern. Anywhere else, he thought (recalling the proverb), concerning such things as ghosts, a son's foolishness might tend to weigh heavily upon his mother.

*   *   *   *   *   *

IN THE South Bronx people are known to raise chickens—or, if *raise* is not the proper word, *keep* them. Sleep in this part of the city could be likened to sleep on the island of his youth; dawn might arrive to wake you with the sound of muttered prayers or church bells or perhaps a small tremor or even the crow of a cock. His father would rise for work before the sun did and, because often she would have to pick out his clothes for him (and she was a practicing insomniac), his mother would rise before even him, which usually meant that the smell of brewing coffee, in addition to the other sounds of early morning in the Bronx, would greet him before it did anyone else in the city and add to the oh-so-Caribbean sensation of it all. This morning, however, he awakened to a shrill alarm that was set to get him up in time for the World Cup game that was starting 14 hours away but right now. At least there was coffee ready.

After the game, the second half of which his mother had watched with him, he left the living room and joined her near the kitchen. He sat at the dining-room table and watched her prepare more of the coffee that he had brought back from home and that she liked so much. Still dressed in her tattered robe, her work in the kitchen finished, she brought out and placed before him spoon, sugar, bagels, cream cheese, a box of cereal, whole milk, juice, and a cup of very strong coffee. He sat there wondering how to breach the subject of the notes while the game was still fresh on both of their minds, when she asked how the coffee was. "Good," he slurped. "Good, hot, and real strong." "Too strong?" "No, I like it like this." "Eat something." They sat enjoying the coffee, the sun still not all the way risen but its light nonetheless glinting from an el train that ran from the city on a bridge not four blocks away. Silently they sat and drank, on occasion clearing their throats—something that they both did, that ran in that branch of the family.

Finally he thought that the time was ripe for bringing up the notes, but before he could find the words there came a loud clang from the kitchen, from the dish rack there. They both turned their heads in the direction of the sound at the same time. After a pause he asked almost as an aside if she knew what that might have been—a mouse, or a very large cockroach? She had just done some dishes, he remembered, so it might have been the plates shifting, albeit several minutes after they had been racked. Nevertheless he was surprised to hear her utter the words: "*Un fantasma*—maybe *es un* kitchen ghost."

A kitchen ghost! The woman to whom he came for advice on his own culinary mystery as nonchalantly as if she were describing indeed only a mouse or cockroach offered to him the possibility that the cause of the noise they had just heard might be a kitchen ghost. And, really, what had he expected; is this not why he had come to her in the first place? In half-sleep this woman had wrestled demons while he and his little brother got ready to catch the school bus; in visions she had seen relatives in their afterlives and thus was assured that they were not suffering; as if communicating from God directly she would inform her sons to beware of so-and-so at school, and had been proven eerily correct.

A ghost in the kitchen, of course. What a novel, all-explaining, almost cute idea. OK, I'll buy that! Maybe that's what I have at home. And if my mother can be so easy with hers then so I'll be with mine; if this is one of those things like insomnia or throat-clearing that runs in the family, I'll accept it gladly. I'll welcome it no matter what my fate!

But he would not be ready for what awaited him.

HE STOOD in his own kitchen preparing the coffee, stirring and concocting sugar into the mug before laying down the spoon and retiring to the so-called dad chair out in the living room. He browsed the TV selections, and then from the kitchen he heard a soft clatter. Immediately he knew what it was, or he suspected that he knew.

Upon reentering to investigate the sound, he sighted on the floor the spoon that he had used to stir his drink and afterward very definitely had placed in the center of the counter there. It was some six weeks after the visit to New York. He exhaled heavily as he considered the scenario and thought upon the possibility of the sudden shifting of an object at rest from center of counter to edge of counter, and from counter to floor. How to explain that? The object was not a pen or paring knife or chopstick or other rolling thing, but a spoon. Thirty seconds from counter to floor, he thought—at least thirty.

He stooped to pick up the spoon, twirled it between nervous fingers, placed it gingerly in the center of the sink, and fixed it there with a stare. Then he returned to his chair where he sat with cooled coffee and jumbled thoughts. He recalled the incident at his mother's, but with some dismission. There's an indefinite amount of time between when dishes are done and placed on a rack, and when any of these items or the items adjacent to them conceivably might shift ever-so. There's no statute of limitations on when such carefully placed things might settle or otherwise reorganize themselves. This was as true with dish racks in kitchens as with the dish racks within the kitchens of our souls.

However, this time had been different; this time, nothing but his hand and the kitchen counter had touched the spoon. He had yet to rule out the possibility of a lean in that corner of the apartment; so back he went for an experiment, enthusiastic for positive results.

From his pocket he drew a nickel and tried placing it so that it might roll in a perpendicular line toward counter's edge. The coin only rocked to and fro before it came to a nick in the counter and rebounded, only to rock again to and fro and then stop completely. He watched as the coin fell onto its side. There was no discernible lean, so he shuffled back and slumped into his chair, his cup of coffee long forgotten.

"HUMOR ME, please," he begged her. On a lark he had decided to bring his wife into the equation; he had known that she owned a Ouija board, which he himself had seen but never used. Again, he had been taught not to trust in such devices, even if the brothers Parker called them simple entertainment. Astrology and the like, he believed, were for the weak, and he had wondered often if "the like" did not cover also prayer to an unseen god or tribute to a carved idol. Never mind, he decided; he would consult the talking board.

"You've never played this?" she asked, amused at the notion that he might take such a game seriously.

"No, Mom would never hear of having something like that in the house."

"She listens to William Mercurio, doesn't she?" Mercurio was an icon in Latin America, an effeminate, gaudily robed, overly bejeweled astrologer whose sign interpretations had been broadcast for decades in the various Spanish-language media. For many Mercurio represented the closest thing to a gay presence that they could tolerate in their homes.

"I wouldn't say she listens to him per se, but he's one of those TV personalities with incredible staying power so he's respected. Most people who watch or read him I think are just curious—same reason they play the numbers; they don't really think they'll win, do they? They want answers like everyone else. Not my mom, though—not from him."

She waited before speaking. Then: "So do you want to do this or not?"

"Yes. But you lead."

They placed the board on the available counter space where earlier he had detected no lean. He placed his right hand on hers.

"No," she corrected him," you put both hands on the planchette, we both do."

"Like this?" And as instantly as he had asked he felt a surge almost electric that coursed from fingers to shoulders to belly and compelled him to remove his hands.

"Honey, you all right?"

"This is wrong," he said, and he laughed. "I'm sorry, but this ain't right. I know, it sounds stupid. I just feel…"

"Should we put it away?"

"No, I'm being a baby." He arched his brow. "Anyway, this ain't for real—right?"

HE BEGAN the interrogation himself: "Hello. Are there ghosts in this kitchen?"

The planchette lay motionless under their fingers. It remained so while his eyes darted back and forth from her eyes to their fingers. He thought that he must be doing something wrong and was ready to withdraw when, sensing movement, he relaxed and watched their fingers glide toward the top left corner of the board, where it settled on the word *Yes*.

"It says, 'Yes,'" he exclaimed

"Don't stop."

"OK. How many ghosts are there in this kitchen?"

Again the planchette sat immobile; he was tempted now to help it along but fought the urge. Presently their fingers were directed toward the numbers—from ten they moved slowly leftward and landed on one.

Elated and with suspicions confirmed, he asked immediately, "Is this ghost friendly?" This time he kept his eyes on his wife, who in turn fixed her gaze upon the board, affording it the same cool and distant eye that a mortician might a bruised corpse. The planchette shuddered, it seemed, then lay still. Its nose pointed toward the word *No* and kept this position for frightful seconds before its tail pulled away and led their fingers upward to where he had hoped, stopping again at *Yes.*

After an intake of breath she said, "Ask it if its name is Casper."

"Don't jerk around!" he protested, then caught hold of himself and apologized: "Look, I'm so... I didn't mean that at all. This whole thing is so new, so inexplicable... I didn't expect to fall for this like I did, I'm sorry."

She smiled, her face wearing a look of pity, of empathy, almost of worry or of some small distress. "Don't sweat it baby," she assured him, and sounded sincere. "Finish."

"Did you want to ask it anything?" he offered.

"No," and again she smiled. "It's your ghost."

Taking her earlier cue he asked the ghost directly: "Good spirit, what be your name?"

HE WOULD be neither disappointed with the results of this latest experiment nor reassured by them one way or another. In fact he would feel that the last question had opened a door, but where it led he could not determine, only that he believed that he would go through and follow the path to its resolution, whatever spiritual terminus that might be.

After his last question they would wait minutes as the planchette inched along over the letters that would reveal its identity; they would watch as the object, moving from *W*, coasted to *R*, then *A*, followed by *I* ("What's 'Wrai'? Maybe it's Ray?" "*Shh!*"), then *T*, and *H*, where it would come to a full stop. Later they would look up this word that neither of them had seen before—"wraith: an apparition of a living person [in his exact likeness seen usu. just before his death]"—before returning to the kitchen to find the planchette on the words *Good Bye*. Neither of them could remember having moved it there from its last position, which hinted to him that an invisible hand indeed was at work in the kitchen.

YOU SEE there is no first or last or what might be called victim or perpetrator. The lines run in perpetuity and parallel to your own as you have heard them described in your own tongue. When it is time you will understand and comply for it will not be your conscious self that dictates action but that part of you that knows what in dreams is to be true and not. It is in dreams however that you have proven resistant. We admit that many of these you have failed to remember. Thus the sounds heard and messages found in waking life. These have been provided for you as physical indication that we wish to reach you. Now you sleep and dream but upon waking you will be satisfied finally that you know and know also that we too are in compliance with that which is aforedestined as should you be. In time when it is time all questions will be answered to your satisfaction. Please do not press or involve others. Whom do you know who would sympathize when it is you who place your faith in doubt.

ALONE WITH his ghost not long afterward, he sat at the computer table and poured from a bottle of whiskey. The blinds clamored softly at the kitchen window. His left knee wagged in agitation as, with glazed eyes, he squinted at the screen and spoke toward the other chair: "S'this you?"

Yes it is.

"It says… Well, you know, 'cause you wrote it. Iss really strange. They're all strange. Anyway," he said, clearing his throat and removing his hat, "iss nice to meet you finally."

Likewise.

"So, who sent you, anyway? D'anybody even send you? Whass behin' alla this?"

Who can say.

"Look, you know me. I mean, you know how I am, how you were—right? You hafta know … I got no choice but t'follow this thing through."

Of course.

"And here I always thoughta suicide as a spiritual no-no." After a pause of what seemed inner capitulation, he said, "Lemme ask you: You never specify how iss supposed to happen."

The shadow motioned toward the dish rack, and he turned and saw through a blur the knives newly rinsed and glistening, anchored there in martial readiness. It now motioned toward his right hand; he glanced there and found in the palm of that hand what he and his wife called the sharp knife. He stared down at it ("How'd that get there?"), turned it, in jest or in preparation steadied it at his belly, laughed weakly, then looked again at his ghost.

Use it.

"So, this really is it. Ain't it? Thass it, there's nothing more to say." Again he jiggled the blade toward his belly. Then he started, rising and moving toward the other chair, sliding in his socks:

"Ya know what? This's a buncha crap. Ya not real. This's some kinda ... illusion's what it is." He stabbed at the figure he saw in the chair. "Ya feel that? See, you don't even feel nothin'! This's all in my head!" He lunged once more at the chair.

Through the alcoholic haze he knew something had gone wrong. He must have slipped, for now he lay on his back, the knife no longer in his hand. He scanned the chair but saw neither shadow nor knife. He tried to rise, but his legs would not obey—only his back, and he was able to see his feet, the blue of his socks. Turning his head he saw blood spreading out from under his right elbow like a crimson corona. He wanted to laugh as he began to realize that all of his tomorrows were suddenly and irrecusably upon him. Instead he rested and stared at the ceiling, feeling no physical pain. He heard a sound of keys, a bolt undoing a lock, a cat's meow. He felt himself at once rise through, above, and out of himself, while the wind that wafted at the window caressed his face.

In the kitchen a light flickered, then went out.

Evenings in Angst

TODAY, THE FOG rolled in. I watched from the picture window, surprised as it first swallowed up Broadway, then Tenth, all the way over the elementary school, and now here it has overwhelmed Twelfth on its push east, up the Hill. I say, Surprised, because I have always known the fog to move downhill; it burns off east to west, until it completely undoes itself over the Bay—and usually before noon. Right now, it was almost 3:00 PM. Like Adrienne Barbeau in that '70s film, my first thought at the encroaching vapor was on imminent doom.

Last night, after the Girlfriend had split to hang with a friend, I remained home, having been stood up for a party, and, naturally, decided to smoke. I rolled a part-tobacco joint and began enjoying that. I provide here, for the benefit of the curious or uninformed, the "ritual" that this smoking process can entail:

Pull up the blinds and open the other living-room window (normally, the Cat will take this opportunity to leap onto the sill and sit there to lord over the neighborhood, like some unappointed sentinel—but especially to spy on the neighborhood's other feline denizens). Pinch a little pot and place it in the cigarette roller at about two-fifths of the way from the tip of what will become the cigarette—the tobacco comprising those final two-fifths and serving as a sort of reverse filter. Roll and light the cigarette, and inhale healthily for the first few draws. Enjoy the wine or beer or seltzer-water drink that you have prepared for the occasion. Finish and put out your cigarette.

(On occasion, I will have burned a chunk of alder-wood incense to mask the smell of my doctored cigarette.)

After only a small while after having put out my cigarette, and noticing my heart begin to race, as well as a chill in the air (mind, the window is still open), I began to get the Nervousness. In part, this thing has its roots in my all-encompassing anxiety about the Big One—or even the Next One—living, as I do, in Earthquake Country. Of course, the Nervousness also springs from the fact that usually I am very high; in this case, however, I also was alone. That is, not even the usually gregarious Cat would join me this time, preferring instead to stay in the other room, and I found this to be Strange Behavior in an Animal, which reinforced my paranoia of an impending temblor.

[When your mind is in such a state, every opening of the electric garage door (over which my apartment sits), every slammed door, every footfall on the carpeted stairway, every creak or thump on the wood floors above—in short, every noise that my ears can reach—sounds like the Overture to the End of It All. In fact, I once wondered aloud, during a 5.4, "So, is this how it all ends?" At the time, I did not have the added benefit of being paranoid from pot.]

This night, as my heart pushed against my ribs, I sensed the chair begin to rock and roll; but this action was attributable to that relentless throb from behind my breast that shot from limb to limb and through my entire body and finally into the chair, which—I am embarrassed to confess to you now—was, anyway, a rocking chair.

Furthermore, I was shaking terribly. Before I could realize what it had it been doing, the air from the open window was causing no small numbness in my left hand, as well as a general shivering all over my body. Because of the anxiety and the numbness, I thought that I was having a heart attack! It was not until I closed the window and covered my feet with a blanket that the other, more physical symptoms disappeared, and I was only 'quake anxious once again.

Maybe you have not noticed, but there has been no shortage recently of devastating tremors the Globe over. The news programs nightly remind us of this fact with pictures from as far away as Turkey, Taiwan, and Armenia and as close to home as California, Nevada, and Mexico. Scientists, god bless them, have recently discovered another fault line under our City that, were it to produce a 'quake, would cause (and I paraphrase a Reporter) the greatest natural disaster in the history of the United States of America. It surprises me to no end that these same people have yet to notify me of the presence of a meteor six days from my home.

Quite often, when I am in this shaky frame of mind, I will picture myself under a pile of rubble, with (perhaps) room to breathe, the floors above having collapsed on the lower levels of the building. In these particular pictures, sometimes I am alone, or the Girlfriend is with me (but in another room (you see, she does not appreciate my smoking)) and, from under the rubble, I cannot tell whether or not she is okay, much less the Cat. Or I will imagine—as I did last night—that she is in another building, her condition and status unknown to me. I wonder, too, what it would be like if I were on the Bus, on the Floating Bridge; if I were Downtown, or in an office building there; if I were at the Tavern (which, like my apartment, is on a lower level), or out of doors. (What about all of those neatly organized rows of glasses and beer bottles behind the bar in the Tavern? How I imagine them tinkling, then slamming, together, before crashing to the matted floor!)

I think always on the structural integrity of these places where I might find myself. Also, I recall that 'quakes have tended to occur "anywhere else but here" high up on the Hill, in depressed or poor (or shoddily or quickly built) areas of the Globe; all of which makes me think, "*Why not* here?" or "*When* here?"—see, because I realize that it is only a matter of Time before they dig me "out of there." (One boy, who was rescued in Turkey recently, and during the final days of a searching operation, even had the audacity to have the same name as me. They said my name on television, I thought, and in relation to a misfortune!)

These images of devastation and scientific findings, which are quite graphic, feed my phobia all the livelong night and day, a phobia about which the only thing I can do is write—either that, or stare at the 'quake-related offerings on the Learning or Discovery or History Channel, or at made-for-television movies, such as Fox TV's recent *Earthquake in New York*—while I wait and wait and wait and wait for something to "come down," wondering if I will be in it when it does.

If I could not talk myself out of having an anxiety attack at such moments when I am preoccupied with certain death, such an attack is exactly what I would have. It is during the Prelude to the Smoking of the Doctored Cigarette—as all of the physiological processes begin to affect me (including the paranoia for which pot is notorious)—that the first hints of a possible attack make themselves known. It is after the initial moment, when thoughts of doom swim and drown in my head and combine with the reactions of the rest of my body, that I am most vulnerable to going either "crazy" or "mentally away."

I know about being at the brink of and looking down into the bottomless chasm, about the possibility of a turn to madness. In fact, it was after I had smoked a half-gram of "Bubblegum" in Amsterdam, on the way to the famous Flower Market, that I found myself walking on tiptoe, as I was under the suddenly logical notion that if I walked too loudly I would awaken The Dreamer, and The Dream—in this case, I—would *poof!* disappear into oblivion. (Thanks a lot, Jorge Luis Borges.)

My experiences have gotten scary enough that I have found myself taking deep breaths while saying aloud that "if it's going to happen, it's going to happen and there's nothing to be done about it," and that if it should happen while I slept I would not notice that I was buried under the upstairs neighbors, much less have a care to deal with, ever. How else, but by reconciling themselves with these facts, could people of the cities of the West Coast live as aloofly as they do to temblors? Also, I have had to sell myself on the ideas that living on a hill as I do greatly reduces damage to my environs, and that I might be one of a handful of lucky survivors; but this last idea immediately turns my thoughts black again, as I realize that "survivor" equals "emergency volunteer."

But, eventually, I manage to convince myself that *at this very moment* there is *no earthquake*, and that, much like Death itself, a 'quake *is* going to happen, and probably at the least-expected moment. Still, I continue to weigh the odds and ask myself, "Which do I prefer? To be buried under several days' worth of debris; shot in the face at a Korean all-night grocer's, like Harrison Ford was by John Leguizamo in that other film; or pushed into the way of an express subway train? It is lucky for me, then, that a fault line runs underneath the Island of Manhattan, Korean grocers are opening up shop all over Bigfoot Country, and light rail seems destined to become part of our local tradition.

So, one thing I cannot complain about is any lack of options.

The Tape; or, Speedy Comes Through

SPEEDY BLASTED IN through the apartment door, plastic case in hand. Tommy, Felix, and Chino, their backs against the hallway walls, watched the blur of Speedy rush past them, before they unglued themselves and followed the blur into the living room, where Alphonso, with stereo equipment ready, waited. They heard Alphonso say, "How is it?"

Said Speedy, sniffling, "It's good."

The question had been a test. "You heard it already."

Nervously: "Yeah, the first part."

"Lemme see."

Speedy handed the little cassette to Alphonso, who, after checking to see that everyone had arranged himself comfortably around the speakers, removed tape from case and injected it into the tape machine. He then hit "Play."

It was better than any of them could ever have imagined it might be.

After two-and-a-half minutes, during which time the only sound made was by the tape itself, the music stopped, and everyone

36

exhaled. Alphonso, rising from his genuflection before the stereo, asked, "So what y'all think?"

Felix looked at Tommy; Tommy back at Felix, then at Chino, who finally said, "Yo, that shit is *nice.*"

"It *is*, right?" stated Alphonso with pride. Then to Speedy: "So when'd you hear the first part?"

"In Hector's car, on the way over."

"Hector gave you a ride."

Again nervously: "Yeah."

"How many times I gotta tell you, I don't want that niggah knowin' where I live."

"I told him drop me off up the block, I waited for him to take off, then I ran down here, that's why I'm all breathin' heavy an' shit."

Alphonso, after a pause, said, "So he don't know where you was goin', or for what."

"Nah, man," said Speedy, sensing small relief. "I told him I was goin' to my cousin's..."

"You ain't got no cousins."

"Exactly, man, but Hec don't know that shit."

Now Alphonso looked at the others, who, during the unfolding back-and-forth, had shifted from the floor to sit and watch from the large plastic-covered couch, from where they might provide physical and emotional detachment.

"All right—sorry, Speed," and Alphonso extended his palm toward his friend.

"Ey, don't worry about it," said Speedy, slapping five twice with Alphonso, who couldn't help but add:

"Still, that niggah heard it, and I don't want that bigmouth knowin' nothin' 'bout our shit."

"Yo, don't worry, Phons," said Speedy, "all he heard was the first part, and he didn't even know what it was, he wasn't even payin' attention, he probably thought it was the radio, that stupid motherfuck'."

"All right, all right." And Alphonso, satisfied, tapped Speedy lightly on the shoulder with clenched fist. Turning to the others, then, he proclaimed:

"OK, y'all, but this stays here. Everything y'all heard, everything I said—all o' that—that shit stays here." He removed tape from player, and, waving it before his audience, looking once at each member, finished his speech with:

"This is our fuckin' secret. This makes or breaks. This is *our* shit. Y'all hear me, right?"

And in unison came the response: "I hear ya, Phons."

The Little Dictator, or Jim Hardy's Uncle Is an Asshole

"If you don't think you're an asshole, you haven't met enough people."

–Michael Messmer

MY SHIT LIST grew by one today when I added to it Jim Hardy's uncle. Like a bloated carcass in a steaming bayou, this new entry bobs and hovers at the top of the list. Know that this addition comes after I had defended the man numerous times to someone who, if truth be told, knew him lots better than I did.

The man in question is not a long-lost relative of the Hardy Boys from the eponymous book series. No, this was the uncle of one Jim Hardy, a fellow whom I met in Seattle almost a decade ago, and a colleague of another recently made friend of mine, one Pat Joseph, of the Seattle Josephs—the three of us of similar ages. Eventually, after I had met Jim *and* his dad, and learned about the illustrious Seattle Hardys, their history, etc., I found out about the uncle, that he owned this chili shop in the Market.

(Yes, chili—like, that comes in a bowl, sometimes with cheese, or chopped onions, but definitely with beef or some another animal. Do not delude yourself, dear reader: it ain't chili if it ain't got meat.)

I recall now having visited this shop, with its illustrious chili—it quite good and of varying hotness—and on a number of occasions, too; once, even, getting up the nerve to introduce myself to the man, by saying, *Hi, I know your nephew,* like that. Ultimately, however, I would relegate him to that world of people that I had met, maybe heard about now and again, but eventually forgot unless I happened to go down, say, to the chili shop.

Which reminds me: I am willing to bet that I went down there more than anyone I knew, including legitimate members of his family, although I knew him the least, if at all. In fact, every time that I revisited his shop, the man had failed to remember my previous visit. Of course, I would blame that on old age. The visiting would drop off after a while, especially as I moved around town, and increasingly farther from the Market.

Over the years, my friends also flitted hither and thither, and from one continent to another, including the two earlier-mentioned boys; folks would marry and move on, or break up and hightail it out of town; some would go off to study or travel, or both. Many would dump once-important possessions on me—framed photographs and movie posters, rare books, paintings, a car. Yet I, like the narrator at the end of That Novel in which the whaling ship has broken up, and everybody drowned; but he—the observer, the outcast—has survived and remained to tell the tale.... Purely romantic notion, that one; but, for now, it is a suit that fits.

Lately, now that I work close to the Market, and it seems like a good place to find something different to eat every time, I have found myself heading into the chili shop on a more regular basis. I will have chili of a Wednesday, when I have brought with me the New York *Times* Sports section. Lately, also, I have begun to see evidence that would make me doubt the integrity of the *character* of this man: observing, as I have, the little dance that, like a nervous dog pulling on a chain, he performs when tourists head toward the previously unoccupied seating area outside of his shop, and witnessing how he waits until the seats have been occupied by these tired asses, yearning to sit free, with their hot dogs or nuts or refrigerated Italian sandwiches—anything but chili. Particularly, I have found myself disturbed by the regular recital of the following speech to these pilgrims of summer: "You folks are welcome to use the public seating area; I need these seats for my customers."

Now—that I *know* of—there is no *sign* that might warn potential tired asses from plopping down onto those otherwise unused seats, and, usually, none of the so-called "customers" standing around, holding a bowl of chili and hoping for the tourists to finish their food and go. Regardless, most of the people who do eat there eat *inside* (I think they would prefer it; the guy has newspapers in there, and CNN and radio talk shows on), and there is always room. What has bugged me the most, however, is how Jim Hardy's uncle seems to lie in wait—those clean, empty, shiny, comfortable tables of his inviting like a dewy flytrap, seeming to say, *Relax here, enjoy your lunch on me*—before he leaps out from his hiding place with his canned speech: "You folks are more than welcome…," etc.

During a short beer session a month ago, I mentioned this chili-shop phenomenon to buddy Pat Joseph, who offered only, "Yeah, well, that guy's kind of a jerk." This surprised me, so I had to disagree a little with Pat before offering him one of my famous cigarettes. In fact, I ended up defending this man, going so far even to say that maybe Pat did not know him as I had. Pat, I think, only cocked his head in semi-agreement—that, or he had smoke going in his eyes.

Later that same week, I went back to the chili shop. I placed my order, which involved what Jim Hardy's uncle called the "macho sauce"—that being two notches hotter than the mild, and one hotter than the medium. As this was my third visit in three weeks, I was a little dismayed when he asked, "Have you had the macho before?" As *if,* I have a stomach of steel. "Yes," I replied, "it's perfect every time." Here, I was deferring to my inner diplomat who takes over when he feels I have been insulted and am too *nice* to let the offender know that he has offended, too quick to forgive the offense. After I had eaten, I sucked in my breath and commented, bussing my own tray (because you have to): "Ooh, that was perfectly hot! You probably took it easy on me there," which last line he did not hear, apparently, and so made me repeat. "Take it easy," I offered, and left that place.

Later, I would observe continuous displays of this man's more tyrannical behavior . For example, there are two doors that lead to his establishment, over one of which there is a sign that reads, "Exit," and another that reads "Please use other door." Over this other door, a smaller sign reads, "Entrance." To the pedestrian eye, one door is as easy to confuse for an entrance or exit as the other. Yet, behind this little signage, I know, lies a Fascistic ploy, an attempt—and one of many—to control the immediate populace, both the dim and the enlightened. I, who considers himself enlightened, at one time (after having noticed those little signs) was halfway under the "Please use other door" sign, when I backpedaled out and compelled myself to go around and through the "Entrance" door. Because you have to.

But it would be one particular event, however, that would sell me on the idea that Jim Hardy's uncle was, indeed, an asshole, and propel me to write this piece—that being the incident that follows:

I had gone into the Market for lunch one afternoon, only not for chili, but for a burrito, purchased from a nearby and aptly named burrito stand. Upon settling into the *public* seating area, and tasting the burrito, I discovered that it was not as spicy as the menu had painted it. I sauntered into the chili shop—through the "Entrance" door, naturally—and, misjudging that I had gained enough confidence from the man, asked for some of his world-famous hotness. My exact words might have been: "Hello! Say, is there any way I could purchase from you maybe a container, a small one, of the macho sauce?"—which he made me repeat, either because it was his custom not to hear the first time or he wanted to make sure that he had heard the brazen request that he thought he had heard. I rephrased my question meekly: "Could you possibly sell me a small container of that tasty hot sauce?" He wiped his hands on a dirty towel, sure now that he had heard what he had heard, then half-smiled and—looking into and, I think, *through* my skull—said to me, "No."

Naturally, I smiled, turned around quickly to make my way to the "Exit" door, said, over my shoulder, "Thanks," and returned to my cooling burrito.

I sat there in my public seat, and imagined what it might have been that prompted him to react so. Might he have thought that I had an injurious plan to steal his recipe for the macho sauce—that I was some sort of culinary supersleuth who would run back to the underground laboratory and submit the chili to testing, so as to break it down molecularly and discover its secret contents, and, possibly, reveal publicly the once-hidden ingredients? Or is it par for the course with small-shop owners that, if you want the sauce, you have to get the item with which it comes? *Couldn't the fucker've given me just a dash of that stupid salsa?*

NEEDLESS TO SAY that I have not been back to that place after that last incident. Which is not to say that I have not sat in the public seating area outside the chili shop, faced the shop, watched his daily routing of rolling up on unsuspecting noncustomers and chasing them away. I sit there so that he might catch me as I enjoy my hot dog or Italian sandwich or burrito, instead of a bowl of that delicious chili. I sit, eat, and stare in a sort of protest, in the same way that Chilean Mothers of the Disappeared keep vigil outside their Dictator-President's house to serve as a silent reminder of the injustices that have been carried out by that particular Fascist administration. I sit and eat and stare inside, and hope that this man might remember the injustices that he has carried out against so many innocents before and including me. But I have the feeling that he does not notice, and, if he does, that he does not care. And why should he? He still has the power.

46

The chili shop was closed the last time that I kept vigil outside it. Cautiously approaching, I noticed a new sign in the window—this one, written by hand in pen, and tucked in alongside the sign that offered the business hours. This new sign appeared as such:

```
BACK ¬
        V
       BY
 --------
 ┌
   → 4:00 ¬
           V
          PM
```

For the benefit of the reader who has not visited this chili shop (and I hope you will have been advised against it after having read this tale): *This new sign* hung by the old sign that offered *business* hours, which last sign stated that the chili shop closed at 3:00 PM every day. Now, behold such impeccable logic against the unwashed multitude: A man who closes shop at 3 PM, but puts a sign in the window that says that he will be back by 4 PM. Was this some new form of Fascistic psychological warfare that he was debuting on us, or me? Was this man getting his final Fuck You in at me, possibly because he knew that, eventually, I would write something akin to this piece? Or was the sign meant for someone else altogether, the man being totally oblivious to the paranoia that he had induced in me forever, the angst that I would feel toward him, not to mention awe?

This little white-haired man in the apron put the chili in "Chilean dictator."

DAYS AFTER I'D sent him a copy of this tale, which tale I'd read at an Art Party, Pat (of the tale) sent me the following via e-mail:

"A story about your antagonist that you might appreciate: According to family legend (and I'm not kidding about this and neither are they) Uncle Joe was decorated in the Korean War when he alerted his company to the advance of Korean troops in the night. He smelled the garlic on their breath. The chili chef's olfactory sense is, you see, legendary. His sensibilities might be equally sensitive. And, of course, [he might be] an asshole all the same. Your pal, Pat

"PS—Mind if I forward it on to Jim in Guatemala?"

(For his part, Jim in Guatemala got wind of the story and asked me not to publish it, lest I myself should become "the asshole.")

There you have it, folks: the man's chili truly is and ever shall— and should—be "world-famous."

Chiller; or, The Liar, the Stitch, and the Wardrobe

"OH, WAIT UP a sec!" she said.

The writer sat up and eyed the bartender as she walked away to attend to the newly arrived group of belly-uppers. He drew from his cigarette and mulled over what he would say next, how far he would take the story and, with it, her. He watched her return to him.

"I'm sorry," she said, slapping her thin ringed hands on the bar. "*You* were saying."

She was so pretty and wide-eyed now, so ready to receive, that he hated the idea of disappointing her, the possibility of that happening. "Actually," he said, "you were telling me about the little demons you said you'd seen when you were a kid."

Oh," she said, "no, I was finished. I was waiting for *your* thing."

He remembered then as one remembers a dull pain that he had begun to fashion for her a tale of the "thing" that he and his brother had seen as very young boys in their South Bronx living room

"So," he began, flicking loose bits of tobacco into the ashtray before him, "I'm five years old when this happens. My little brother and I are on the couch watching TV; he's like three, maybe."

"You and your brother, then."

"He's right there," the writer asserted. "Our couch faced the TV and the entire living room and the hallway leading from the front door of our apartment to the two bedrooms. Our own bedroom was off to the right, around the corner from the TV in front of us."

"OK," she interrupted again, "so... Where's your *parents* during all this?"

"My folks," he sighed, "are asleep. They'd let us stay up late— 'cause I'd begged my moms—so we could watch the late-night scary movie, which was a "Chiller Thriller" on WOR TV, channel 9, out of Jersey."

"Wow, you got channels all the way from New Jersey!"

"Yes. Anyway, we're watching this movie, I don't know who's in it—if it's the wolf man or Dracula or the creature from the black lagoon—but it's a "Chiller." So, lights are on, we're tucked into the big couch together watching... and at some point I feel breathing down my neck, on the hair on the back of my head—a grunting, growling breathing."

"Oh, my God," she gasped, jumping back. "You are *so* freaking me out!"

I have her now; she's all mine, he thought, and smiled. The alabaster face under her raven-black hair appeared to radiate in the presence of this wondrous tale. He was regrouping for the second, final wave of attack-and-conquer when he saw a dim over the alabaster. Her eyes turned away momentarily, and she said, "Dude, I'm so sorry. I'll be *right back*."

Again he watched her sidle over to a couple at the other end of the bar. He put his cigarette into the ashtray and, tamping it twice, out. He hated interruptions, or he was in love with the sound of his own voice—one of the two, if not both or something else.

Presently, the bartender approached him again. Alighting both elbows onto the bar and flashing him her long black eyelashes, she said, "*OK*, so heavy breathing."

The writer lit another hand-rolled and placed his lighter atop the cigarette case—taking his time about it, too—before he continued:

"There's this breathing down my neck, and I turn to my side and it isn't my brother, who's either asleep next to me or fixated on the scary movie." He paused, both to exhale dramatically and to allow her to react or interrupt; as she only watched him and listened, rapt, he went on. "So I turn around finally. We had an air conditioner on one of the windows behind us, but it was winter or at least fall, so I don't know that it would've been on. Regardless, I turn to face this breathing thing, and… Guess what it is."

"Please tell me the air conditioner."

"I turn around and come face to face with this clown—this man or something dressed as a clown—with big red hair, a big red nose, and these huge, sharp fangs…"

"Aaah!"

"…these long dripping yellowed fangs!"

"What the hell was it?"

"I have no idea—a clown with sharp teeth and probably not the best of intentions. So I grab my brother, and we just book—past the TV, into the corridor, and into our bedroom. I lock the door."

"Oh, *my* God," the bartender gasped again, visibly affected. "And your little brother's awake."

"He is now." The writer drew on his cigarette while he let the moment settle. "After I lock the door, we jump into bed. I think then we had separate beds; I'm not sure."

"And what…" she started. "Did he come after you?"

"That's the creepy part," he continued. "We're under the covers, and the doorknob starts to turn one way then the other, until finally the door opens, and here walks in, hunched over, this clown-man, and he's staring right at us, his breathing still raspy. Then he enters the bedroom all the way, and—here's a brain-breaker—he goes over to our big bureau, our wardrobe, opens it, reaches in, and grabs my beige-color, long-sleeve turtleneck."

"What?! What's *that?*" she complained. "Is that it?"

"Sort of. The clown looks in our direction one last time, opens our bedroom window, jumps on the ledge there, and… You ever see the Silver Surfer?"

"No," said the bartender. "Who's that? Was he a famous surfer?"

"Yes and no," said the writer. "He's a superhero who's silver and rides a silver surfboard in space and what-not. He was with Marvel Comics, I think."

"Oh, I don't know who that is."

"Doesn't matter. Anyway, he jumps onto the ledge, takes one look back at us, and jumps into the dark sky, sailing off into the night like Silver Surfer, only without the 'board. And leaving vapor trails. And my beige turtleneck in one hand." He paused, released twin columns of smoke through his nose, and said finally, "That's it."

THE WRITER LATER admitted a sort of epilogue to his story. In it, he claimed that the next morning his mother came to dress him for school. (This part never did jibe with the rest of the account: Why would my brother and I have been allowed to stay up so late on a school night?) His mother decided upon the beige turtleneck, which naturally was nowhere to be found. When she inquired, frustrated and in increasingly threatening tones, as to the whereabouts of the turtleneck, he opened his mouth and the story was born. All was forgiven, and the shirt was forgotten. (Until she found it later, that is, and kicked the future writer's ass.)

THE BARTENDER PLACED the three shot glasses on the bar in front of the writer, then went to "the back" to fetch the sleepy-looking bar back. While he waited, he looked around at his other bar mates, most of them strangers on this Saturday night—couples of all stripes; larger, noisier groups of martini drinkers; the occasional solo reader of novels; the game aficionado at the quarter-gobbling machine. He dabbed with two fingers the spillage from the three glasses and licked the fingers clean.

She reemerged with the bar back. Together, they stood at the bar with the writer and the three little glasses, which contained a pink-orange concoction. They each grabbed a glass.

"Here's to the unseen," she said, raising her drink, "and scary stories."

"Amen."

"Cheers."

The three tilted back and downed their drinks, the writer the first to slam down an empty glass.

"Aaach," he protested, "too sweet."

"You think so?" she responded.

"And too grainy."

"I think the sugar melts right way," said the bar back.

"Not mine," said the writer, before the bar back grabbed in one swoop the three empties.

"So, let me ask you," she started, smacking together her full, red, crystal-encrusted lips. "Why didn't you go to your parents' bedroom? Why did you hide in *your* bedroom?"

"Ah," the writer said, recognizing the moment of reckoning. He lit one last cigarette, shook his head, and said, "I have to tell you this: I'd ruined a turtleneck, one day at school. I had a navy blue, a red, a white, and a beige. I caught it on a nail and undid a stitch and it fell apart, so when I got home I hid it from my mom somewhere." He paused to pull a speck of tobacco from his tongue, then added, "It was the beige one."

The bartender only listened, her arms crossed under the weight of her handsome chest.

"My theory is," he continued, "I was so afraid of my mom finding out about the shirt that I created this fantasy to cover for the truth, knowing about her belief in spirits and demons, and guessing that she'd fall for this story about a clown who came to torment me, and that she'd forget all about the shirt because of what I'd reportedly gone through."

"Hmm," said the bartender, peeved. "But your brother…"

"To this day," laughed the writer, "my brother swears up and down that it happened and even repeats the story; it's family lore now. Score one for impressionable little siblings."

"You mean... What *do* you mean?"

"It was not real. In my so-called innocence, I exploited my mother's fear of the supernatural and lied through my milk teeth in order to get out of a beating."

She had a wild look on her face now. "So, you made this up."

"It made sense at the time. And, to this day, my mother and brother both will quote it like gospel—except that, the same as with that other gospel, it was mostly fabrication."

"*You* little *son* of a..."

"No," he assured her, "the last part with my mom is true. But the thing is, I came away with a pretty good story. And I'd go on to create lots more false memories, just for the stories—my own secret history. Isn't that what we all do in life?"

The look of disillusionment on her face said all that had to be said—also that nothing more should be said. As for their moment together, it had diffusely passed. Collecting his things, the writer rose from his stool and walked out of the bar—abandoning his tab and everything else that had transpired therein, and wondering if instead he might have told another, truer story.

He walked toward another bar.

Squidding, or The Jig Is Up

IT'S THANKSGIVING DAY, 1999, and Jyun has managed to catch me on the couch during the second game of the afternoon; I am fading slowly—or recovering, I cannot tell—from one of Uncle Jim's funny cigarettes. Jyun plops down on the other end of the couch, exhausted from two helpings of turkey dinner, and his wide shiny smile in my direction suggests something up his sleeve. Throwing one leg up onto the couch and facing me directly, he lets me have it:

"So, Eesh, I am going to go catch some squid—tomorrow? Iss suppose to be good night for squid—no rain? So," he chuckles to himself in expectation of my usual excuse, "you sink you want to come—wiss me?" Then he cocks one eye and winks: "Mmm?"

There are two things only that I can say in response, and I do not believe either one of them. Nevertheless, I look into and through that cocked eye of his, into his brain, and say, with much finality and exhalation: "Yes, tomorrow. It's about time I go on of your fishing excursions. Let's do it—serious." The voice I use or hear seems to come from my own brain, instead of the usual place. I feel slightly betrayed by my own conscience. I know now, too, that tomorrow—most likely in the early morning—I shall be regretting having made this decision, and this fact-become-feeling I now struggle to quash.

Jyun scoots over closer, his eyes a-twinkle, his imagination conceivably fertile with thoughts of squids of all shades and sizes, all of them dancing in a bucket, their many arms and legs entangled in a death tarantella—all that glorious free food! He rubs his palms together, as he prepares to assure me of the wisdom of my decision: "So, OK? Tomorrow suppose to be good squid runs, many squid. Um, we can go to—ah—Tacoma? There's many fisserman there; I know some those guys. Also, we can go to Magnolia? There's public pier there."

"How early we talkin'?"

"Oh, we can go in afternoons—late, like four? Because we want to get there before sun go down, but still get good positions, because it's public pier."

"So, not early-morning early. OK."

"Yeah," Jyun continues, having made already his first catch. "So, you have some gear? Fissing gear? Rain gear? Oh, and have to get license. You have one? Sellfiss license?"

And we arrive at the point where I historically have balked at previous invitations to fish—the part where Jyun reminds me of all the gear and licensing and paraphernalia needed for this type of undertaking. Already weary from Uncle Jim's cigarette, I begin to conjure up the usual reservations and reasons to cancel or at least get myself counted out—these accompanying a rising ill feeling, as if my stomach were being drained of blood. I say:

"Dude, I've got long johns and long-sleeve shirts and a warm lined jacket and boots…"

"You have some rain gear?"

"Well, I have a rain *coat*."

"No, but you can get soak in there; we are standing there for long time."

"I thought you said it wasn't raining tomorrow."

"I know, but sometime you can be wrong." (Nervous laughter from Jyun. Do I feel myself beginning to slide off the hook?)

So, now, I have tentatively committed to go squidding, yet I do not have the proper tools, and it was not supposed to rain, yet it might still, and…

"Oh, we still have to get sellfiss license."

"On the day after Thanksgiving? Where can we do that?"

Finally, Jyun informs me that, even if we cannot find an open or participating Fred Meyer or Big 5 before sunset tomorrow, there is a kiosk at the Magnolia pier that sells everything from Top Noodle to fishing licenses. I concur that we can do that, adding that if worse comes to worst I can fish *illegally*, because probably no one will be around to fine an unlicensed first-time squidder on an off-day.

"I'll get some kind of rain-proof coverall, tomorrow. Since we have till sunset, I have time to shop for…"

"Where can you go?" Jyun asks, already knowledgeable of every right and wrong answer. "Like, for me, I have some two-piece…mm…coverings, from REI. Iss very warm."

(Allow me to inform you, dear reader, just for the record, that Jyun, my favorite Osakan, is always sartorially prepared for any activity or event, but especially one out-of-doors; the man knows where and how to shop, and money seems never to be an object. Whether the piece comes from REI or the Bon or J Crew, Jyun has an unfailing sense of what he needs, wants, and will look good in, as well as how to go about getting it. He always dresses better than me, although he makes less as a fledgling acupuncturist than I do as a technical editor; he always looks like a million bucks, even if it is, I imagine, only to go to the bathroom in the wee hours or do the dishes after dinner. In short, Jyun is a creature of good taste.)

"Also," Jyun continues, "you don't have fissing gear, right?"

This is not entirely true. Over the summer, I spent $5 on a garage-sale fishing pole (still unused), then I read *A River Runs Through It*.

"Anyway," he says, "I have couple of poles, so you can use z'other one."

"Great," I say, resigned to the excursion. "Call me tomorrow when you're ready to go."

And, with that, I get up to join Uncle Jim in the garage for another of his funny cigarettes.

ON THE DAY after Thanksgiving, I get up when I feel like it, but early enough to give myself time enough to call around and shop for the necessary items to go squidding. It turns out, however, to be not early enough to escape Jyun's call; he wants to know what I have managed to obtain so far.

"Well, um" (and I have not had my "morning" coffee yet), "I have all the clothing I'll need to stay warm," I say.

"And did you get the license?"

"Ah, no, I haven't really left the house yet."

"Oh, OK," Jyun giggles. "Um, you sink you have time? To get everythins?"

And I remind him that he is not supposed to be picking me up for another hour or so—plenty of time, I assure him, to get all that stuff. "Tell you what, Jyun: I'll call to see who's selling licenses today, then I'll call you to let you know, before I go for rain gear."

"Mmm, I don't know…"

"Trust me, we have time; it'll be OK."

"Okay, Eesh, so call me back later."

Immediately after the call, I grab a phone book and dial the Fred Meyer on the Hill, then impatiently hang up. Instead, I go out and head toward the Market to visit Fred in person, who tells me (and, it being the eleventh hour, I should have seen this coming) that, of all the Fred Meyers in all the neighborhoods of this great little town, the Broadway Meyer is the only one of the family that does not sell licenses; sorry. So, with that in my pipe, I go to the drugstore up the Way in search of a raincoat, and I find one—a plastic, made-in-China, one-size-fits-all job for only $7—that will cover me from head to knee, except for an area under the right armpit where the manufacturer thoughtfully included an air vent—which vent will become an escape window, later on the pier, and a step-through when I take it off.

Now home, having called Jyun to boast of my seven-dollar success, I get myself ready: boxer shorts, long-john legs, thick socks, jeans; a short-sleeve tee, a long-sleeve one, a flannel top; and army boots (later, I will don a leather three-quarter jacket, wool hat, fingerless gloves, and that plastic coverall). Jyun has come to pick me up and, a half-hour later, we find ourselves dashing from one fin-and-feather shop to another, inquiring about shellfish licenses. I hope only that the squid are easier to score today than this goddamned slip of paper that is good for one year only, if that. It is useless to say that nobody, it turns out, is selling it.

"To the pier!" I charge, hopeful at least the kiosk there will prove to be our salvation. Meanwhile, I continue to remind my brother-in-law-to-be that "no one is gonna ticket me onna day after Thanksgiving—and, even if they do, I'll pay the stupid fine."

"Or," Jyun chimes in, "you can pretend like you're juss wiss me, like my assistant?"

"Exactly," I concur.

IT IS DARKENING when we arrive at the pier. The sun's drowsy head is barely visible over the Island as she tucks herself in for the night, resting on pillowy clouds.

"Oh, Eesh, zis is perfect time," Jyun says, and his face is beaming, while the last light of the day dances in his eyes. We are standing outside the car, where I put on the last of my gear (which now includes a floppy-eared wool number from WWII–era Italy), and I think how happy it is that in the dark and on a cold pier probably no one will recognize the fool in all of this clothing. Meanwhile, Jyun has drawn the two poles from the car, and a set of lights, a bucket, and his Polartec coveralls from the trunk. I cannot help but think that the coveralls are the latest in heat-retentive protection. Next, Jyun sprays our shoes with water repellant (again, the man has thought of everything necessary), and Squidman and Bucket Boy spring into action.

We attempt to establish good pole position on the pier, choosing a spot between what looks like a pair of Gorton's fishermen. We set our poles, Jyun hitches the light to the pier's supports, and we are off again—but still before sundown—in our last attempt to capture that elusive fish license.

It is fifteen minutes later, and as you might have figured out already there still is no license. To top it off, the boy at the kiosk not only is closing shop but he no longer sells licenses, and he cannot recall that they ever have sold anything there but Top Noodle, but again he is closing up and is selling not even that.

To hell with this, I think. Jyun has brought along the Thermos that I had lent him weeks earlier, and it happens to be full of *sake*. (I like to think that I would have done the same for him, except maybe bringing Irish whiskey instead of rice wine.) "We don't need any stinkin' license, and we don't need any stinkin' Top Noodle, shrimp-flavor or otherwise," I declare, sipping the cup Jyun has poured me.

Back at the pier, Jyun asks, "You know how to do zis one?" with regard to the pole and the jigging action required for successful squidding. "To be honest, Jyun, it's been some years since the last time"—"the last time" being in 1995, when I bought a salmon license and fished off Point No Point, where I pointed out to my buddy a crab that crawled near my ankle while we waded, but which we deemed too small and, after plucking it from the water to photograph it, returned it to its element. That crab was the only thing we caught.

So, here we are—Jyun looking a little like a fish-tank deep-sea diver and I like the Michelin Man—and after a while I begin to get—I mean, really get—the jigging motion. The art or science of it—of releasing a line, then reeling it in, in bursts, and of making a jig dance underwater—has all come back to me as if once I had owned it. The entire time, I tie up my line with Jyun's only once. Mostly, I have to concentrate simultaneously on not bumping into either the deep-sea diver or one of the Gorton's fishermen, on keeping my line far out and in its lane, and on jigging ably and convincingly (to the squid). It is not till the first run of squid comes by the pier, when the fisherman to Jyun's left begins to pluck squid out as if he could see deeply into the murky element—and I feel the tug of our first squid—that I nearly panic.

"OK, Jyun, now what?!" I plead, as now I try to keep my focus on not bumping my pole while I bring it out and over the bar on which we have been leaning, so that I might catch the part of the line near the jig with my right hand while I keep the pole steady with my left.

"Juss turn upside down, and the squid goes into the bucket."

Before I can ask him to perform this maneuver for me, my right hand obediently turns the jig and its slurping occupant over our plastic-lined bucket, whereupon our first boy slides headfirst off the jig and into the bucket.

"All right, Eesh!" exclaims Jyun. "Firss one!"

I smile proudly and immediately send the line in again for another go.

OFFICIALLY, I'D CAUGHT the first squid; and, between the two of us, nine; and, myself, only two altogether. Ultimately, I manage to learn a thing or two about squidding—the "or two" being that freshly caught squid makes the best *sashimi*.

We pack everything and stash the poles in between the back and front seats of the car, after which I step through and out of my soon-to-be-returned raincoat. Jyun hurries us back to my place. Once there, he prepares to clean a pair of squid, while I make room in the sink for guts and brains, and get the *wasabi* ready. Jyun pulls off the tentacles from the squid and I, as commanded, plop them into water to boil. Next, I break out Suzy's *sake* set, as she walks in from shopping.

"There are squid in my sink!" she exclaims apprehensively. (This is a woman who, as she has put it, will not eat anything that does not have a face.) Finally, the *sake* having been served, the tentacles decontaminated and plopped into bowls, and chopsticks retrieved, Jyun and I sit down to the meal for which we have been waiting since Thanksgiving seconds. The squid, uncooked, are snappy, clean, and translucent, and Jyun and I smile at each other through champing molars, and exhale through nostrils flaring from the effects of horseradish.

"To the squid!" I propose, raising a *sake* cup. Jyun touches his cup to mine, and adds, "To the tasty squids!" And it dawns on me that we two must be having the same delicious dream. And they serve up some pretty good squid in there.

The Blue and the Maize
A Season on the Summit*

*A Softball Team; Being an Account of Its Agonies &
Ecstasies, Prides & Prejudices, Travails & Triumphs, During
a Four-Months' Residence Among the Members of the
Finest Slow-Pitch Softball Team in the World.
(with apologies to Herman Melville)

This portion of the book is for three good men:
Chris Ford, Mike Leonard,
and Matt Moritz,

and one good woman:
Suzy Davenport.

[Dramatis Personae.

Justin Bergquist, *Outfielder*

T.J. Evans, *Pitcher*

Chris Ford, *Infielder*

Blair Fowler, *Outfielder/Shortstop*

Courtney Jackson, *co-Captain, second baseman*

Jim Kim, *Shortstop*

Mike Leonard, *Outfielder*

Ismael Marrero, *Manager, catcher* ⟩ 2004 Summit Pub softball team.

Stan Mastalerz, *Catcher/Outfielder*

Matt Moritz, *co-Captain, outfielder/third baseman*

Geoffrey Stenning, *Outfielder*

Dan Toepke, *Pitcher*

Doug Trotter, *first baseman*

Matt Wilkins, *Outfielder/third baseman*

Keith Zentner, *Pitcher/Infielder*

Sam Munguía, *Proprietor/Sponsor (Summit Public House)*

Matt Toepke, *Proprietor/Sponsor (Summit Avenue Tavern)*

Guy Allen, *Outfielder (Monkey Pub Schmidt Pounders)*

Katy Aversenti, *Manager (Café Venus [Envy])*

Dan Ayala, *Infielder (Kort Haus 5 Star Divers)*

Mark Clement, *Manager (Balls Deep)*

Joe Howe, *Manager (Fighting Amish)*

Jake Jewett, *Manager (Kort Haus 5 Star Divers)*

Grant Kauno, *Manager (Richie D's Unicorns)*

Mark Mendez, *Commissioner (Core Softball League)*

Anthony Rewerts, *Manager (Monkey Pub 86ers)*

Jeff Rodgers, *Manager (Blaspherions)*

Jason Schumaker, *Manager (Monkey Pub Schmidt Pounders)*

Mike Wolfson, *Manager (Lobo [Saloon] Salunatics)*

Frank Bednash, *Bartender (Bad Juju Lounge)*

Sarah Adair

Lisa Cooper

Suzy Davenport

Eliza Fox ⟩ Summit fans/Hecklers.

Susan Key

K.D. Schill

Helen (H) Tapping

Other Players, Team Coaches, Umpires; a Bagpiper; a Cook; a Scorekeeper; Barflies; Doctors; Fans; Bartenders; Japanese Baseball Players; Couriers; Hoboes; et al.

SCENE: *Seattle.*]

Pregame:
"If the Jew Boy Can Play, I Can Play."

"CALL ME, ISMAEL."

"You got it," I would say. But then I wouldn't call.

For years, folks who knew that I played on the Summit Avenue Tavern (later Summit Public House) softball team approached me at the bar there to ask for a tryout, if not an outright invitation onto the team. They included women and men, bartenders and barflies, and other pretenders. To hear them tell it, they were all really good, too—a one-time prospect here, a semipro baller there, and so on. I promised each of them an invitation to at least a practice, but I'd soon forget all about it, blaming these slips of the mind on a combination of booze, beer, and the blackouts that come from too much of either.

The Summit, as it was known, was what you might call a neighborhood bar, a place where, in addition to enjoying a fine microbrew, you could play a friendly game of pool, read a book, work on your writing, watch the ballgame, or hire someone to design your Web site or proofread your resume. It was full of

regulars—the locals, most of whom actually lived on Summit
Avenue East—and featured nearly two dozen beers on tap.

The tavern was poorly ventilated and most everyone there
smoked, so that it could take on the look and smell of a dive bar,
yet it was hardly that. Although they served excellent sandwiches,
the staff let you bring in your own food—usually, pizza from next
door. Once, I overheard a couple of louts proclaim, "We have the
best neighborhood that I've seen. We have donuts and beer, both
within walking distance!" This was true, thanks to the coffee place
up the street that made its own donuts from scratch.

Over the course of my years at the Summit, I would amass a stack
of napkins, coasters, and matchbooks with the names and
telephone numbers of those folks who wanted to play for the house
squad. But what none of them understood was that it wasn't my
place to recruit players; I was just one member of the team. Sure, I
happened to be at the bar all the time, but I wasn't the team
manager, and so I wasn't otherwise vested with the authority to
make roster decisions. Still, nobody wanted to hear me say, "No"—
maybe not even myself. I have a hard time generally turning people
down.

But I'm getting way ahead of the game here.

Some years ago—forget about how many precisely—I thought I
would give up the better parts of my dreamy springtime weekends

to see the dusty, grassy, sweaty part of the world on a "beer-league" slow-pitch softball team. It started with an acquaintance for whom I had acted in a variety of his crude comedy skits. Aspiring filmmaker Matt Wilkins of Iowa was on a team that wasn't very good or serious and played pickup games with whomever they could muster up, including kids from his neighborhood. The part about not being very good interested me more than the part about not being serious, because my softball-playing history reflected a sense of commitment, if not outright ability.

My previous softball experience had consisted in riding the pine on a church team in the South Bronx, where I spent my formative years. When I wasn't on the team bench, I stood around in my uniform: either waiting for a ride that wouldn't come; hoping to play (the usual excuse from our coach—that he couldn't find a place for me—was tempered with words like "champ," "chief," or "big man"); or staring in the mirror at the typo on our white-on-red polyester jerseys (what should have read *La Cruzada*, for "The Crusade" in Spanish, read instead *La Cruczada*). I think I decided then to hang up my cleats and focus my efforts on proper spelling, and in two languages.

Matt Wilkins—together with Chris Ford and Stan Mastalerz, two transplanted Bay Staters and, almost by definition, Red Sox fans—was also on a softball team in what was known as the Core League (short for "hardcore"). From various accounts, this team comprised psychotics and other refugees from insane asylums and County lockup. After their first year with this team—known as M.A.D.— the three quit and formed a new team known as No Kukes. This is the team that I would join in my reintroduction to organized softball and was the genesis of the Summit softball team.

Of the original No Kukes (or "Kukes," as Matt Wilkins' wife Eliza Fox would call us from the stands, as in "Go, Kukes!"), the only remaining members are Bay Stater Chris, Courtney Jackson, Mike Leonard, Bay Stater Stan, Matt Moritz, filmmaker Wilkins, Keith Zentner, and myself.

Stan Mastalerz, a prematurely silver-haired (if arguably silver-tongued) and genial fellow with an open face and ever-smiling eyes that peered out from behind Buddy Holly–type glasses, also had assisted in Wilkins' various film projects. Courtney Jackson was a longtime softball player from New Mexico and a onetime girlfriend of Chris Ford, as well as a fructiphobe (she didn't eat salad or fruit, which she called "crunchy water") and a yogaphile. Mike Leonard and Matt Moritz were two guys whom I had met at the Summit Avenue Tavern and, ironically enough, invited to a practice. And Keith Zentner, a tall, stylish, well-postured fellow with a young man's face and a somewhat serious air about him, also was friends with Courtney the fructiphobe.

Mike Leonard was a placid Mainer who worked in construction, while Matt Moritz was a boisterous character from the outskirts of Detroit who held a special affection for all teams "D-Town," but especially the University of Michigan football squad. Both Mike and Moritz were fairly new to the Capitol Hill neighborhood, on whose northwest flank the tavern rested.

One night, I happened to meet Moritz at the bar. Casually, we struck up a conversation, during which the subject of softball came up. I mentioned that if he was interested in playing, we were looking for people. "Kid," he sputtered, "I've forgotten more about softball than you'll ever know." Then, Moritz—who, together with Mike, *had* been looking to join a team—went and telephoned Mike, who appeared at the bar moments later.

The two, polar opposites in temperament as they might have been, agreed to come to the next team practice; so, I gave them a date, time, and place, and we went our separate ways. Eventually, after we had become drinking buddies and fast friends, Mike Leonard would confess to me that after they had left the bar that night, Moritz asked him if he thought that he might play. Mike said yes and asked Moritz the same thing. Moritz shrugged and said, "If the Jew boy can play, I can play." It would be years before Moritz learned that I wasn't Jewish, even though I had a Hebrew-sounding name and was a New York City boy.

In all fairness to Moritz, and to support his keen comprehension of the peoples of the world, I provide the following observation, which is taken from *How to Talk Dirty and Influence People*, by the great Lenny Bruce: "To me, if you live in New York or any other big city, you are Jewish. It doesn't matter even if you're Catholic; if you live in New York you're Jewish. If you live in Butte, Montana, you're going to be goyish even if you're Jewish." (Confidential to Matty Moritz: Thank you, sir; I guess I am Jewish, after all.)

The coda to that fortuitous encounter at the bar came a week later. Mike and Moritz came to the prearranged practice at a park on Beacon Hill, in South Seattle, and saw a squad already at play. Mike approached one of the players to ask if he knew an Ismael; the player replied that I was probably somewhere on the field (this turned out to be the team for Seattle's *Post-Intelligencer* newspaper). Realizing after a while that he didn't see me, Mike shot a dubious glance at Moritz, but the two kept hitting and throwing the ball around—Moritz establishing himself in center field, where he seemed to make every play—till one of them looked across the park and noticed a group of players on another field. Like a pair of crabs, they scuttled off and made their way toward the other group, where they found the "Jew boy" and the rest of the "Kukes."

Both Mike and Moritz proved their worth at that practice, and our team accepted them immediately.

(The coda to *that* coda would come three years later: Originally, the story went that Mike had made the "Jew boy" comment. I gave an advance copy of my book to Moritz, who needed something to read; he saw only the foregoing chapter title and, laughing, blurted out, "Aw, this is where I come out to be a racist!" He was surprised, I guess, to see that I had attributed the comment to Mike. So, taking the revelatory outburst from Moritz, I checked later with Mike and was able to confirm that the quote was indeed from Moritz. Thus, the original story in which Mike has made the comment appears only in Moritz's copy—doubtless, to everyone's relief.)

This original encounter and its coda would be the first of many happy stories to emerge from our fledgling club. It is the elaboration of these stories—including how a first-time manager who probably drank too much and thought he was possibly insane was able to ride a wave of luck and success to the playoffs with a motley team that seemed to come together in the right way at the right time—that is the purpose of this, my softball novelette.

If I might paraphrase Robert W. Creamer from his fine biography *Babe: The Legend Comes to Life*, "Some of the [softball] detail may prove tedious to the casual reader, who is given permission to skip such passages. [Softball] fans are expected to wade through the whole thing."

Inning One:
No. 14 Baby.

ON APRIL 17, 2004, SO AS not to disrupt the flow of story ideas and thoughts that I was pouring into a separate journal, I began to jot down my observations of the 2004 Summit softball season in a new journal that my wife, Suzy Davenport, had bought me. This marked the first time that I would make it a point to keep a diary specifically of the events transpiring over a softball season. That diary forms the basis of the saga that follows.

Chris "Baby Boy" Ford, our previous coach of several years and one of the more indecisive young men I have ever known, had decided to give up the reins of the team at the end of the 2003 season and recommended that I take them. (The "Baby Boy" is from his birth certificate; apparently, his indecisiveness is inherited.) Although initially I made it sound like a tough decision and spent the off-season vacillating, I finally agreed to be coach, as I had suspected all along that this easygoing, up-and-coming team might be a good one to manage.

About my previous managerial experience: During the 2003 season, Chris Ford let me coach a couple of doubleheaders. The night before our games against the Fighting Amish, which I was to manage, I stayed out polishing off bottle after bottle of Rainier beer. Then, I went home and had three hot dogs with sauerkraut before bedtime, after which I got up early and had a double espresso on the way to the field. Everything was fine till the sun came out. I suddenly developed what must have been heat exhaustion (complete with hot flashes), and proceeded to vomit in center field several times on my way to the restrooms—where I discovered in one of the toilets a soup of human feces with a syringe sticking out of it. I ended up taking myself out of the games, both of which we lost, and merely watched from the sidelines, where I sat wrapped in some kind of sheet and sucking on ice chips.

On a happier note, Mike Leonard made some spectacular catches in the outfield while dancing around a brown paper bag full of my vomit, including a sliding catch on his knees that ended mere inches from the sack of my sick. Mike claims that he has shark cartilage in his bum knees, but you wouldn't know it after watching him slide to catch one pop fly after another.

THE CAPTAINS* OF ALL THE TEAMS in the Core League held their first joint meeting on November 23, 2003, at the Monkey Pub,

---

*I use the terms "coach," "manager," and "captain" interchangeably, but I believe that a coach runs practices and the attendant drills; a manager runs the day-to-day operations of a team, including collecting dues, making the necessary phone calls, serving as liaison

82

which is in the Roosevelt neck of the University District woods of northern Seattle. Those of us who attended discussed the new, folding, or recycled teams; when league fees would be due; and the start date and length of our season.

Incidentally, this was not my first such meeting. In previous seasons, our coach Chris, for one reason or another, had delegated the task of attending these meetings to me, and who can blame him. Coaches' meetings can feel a bit like having to stay after school for detention, except unfortunately no one throws paper airplanes. But I would take—even contribute—to these meetings quite naturally.

In January of 2004, I asked Courtney Jackson if her friend and coworker Jim Kim, who was playing on maybe five other softball teams, might be interested in being our team's shortstop. Dan Ayala, our previous shortstop, not only was ignoring my telephone calls, but he would give me the runaround whenever I asked if he was rejoining the team (he had played with us in 2003). By February, Courtney was indicating to me that Jim needed a commitment from me before she would bother him about joining our team. I immediately asked Ayala for an answer, but would have to wait a month for his reply.

---

to the league commissioner, and meeting with other team managers; and a captain is the heart and soul of the team, and usually someone who is selected by the other players or the team manager. I consider myself more of a "technical director," as the term is used in European football, or soccer. (I don't mind "skipper," either.)

The second team-captains' meeting took place at the Bad Juju Lounge, a newer Capitol Hill establishment, on March 7. In an item that would rear its head later in a game against a hated team, we voted "Yea" to allow razzing and heckling from fans and opposing players during games. We also learned that the season would open on the weekend of April 17–18 and close near the end of July.

At this meeting, the team captains discussed whether or not to ban certain bats. There were bats that had been banned recently by other leagues that were governed by the American Softball Association (ASA), and at least one team captain, Jake Jewett of the Kort Haus 5 Star Divers, had just spent big bucks on a composite bat that was subject to the ban. I abstained from the vote that would have rejected the banning of any bat (this issue, like the one on razzing, also would surface later in a game against a hated rival). Consequently, the Core Softball League 2004 Season Rules would state, "There are no banned bats. Every bat must be a softball bat." Sadly, this meant that my orange, Fred Flintstone–size Wiffle® bat would be illegal.

On March 9, a Tuesday, I announced to the team our practice schedule: Practices would take place the next day and the following Saturday. As a new coach, I wanted to get a leg up on the rest of the league, especially after overhearing a few captains at the meeting bragging about how their teams had begun practice already.

Although I notified Ayala, too, of our practice schedule, I wouldn't hear from him for another week.

Our first Wednesday practice went well, but I was too hung over to make that Saturday's practice and had to call Mike Leonard to run practice and bail me out. Later, I apologized to the team for my no-show and scheduled new practices. Also, I announced that Ayala had sent word through the grapevine (i.e., via our backup catcher Stan Mastalerz) that he would be joining instead the 5 Star Divers team—the erstwhile Storeroom, one of the monsters of the Core League, a perennial winner, and a team that had won the whole thing as recently as 2002.

It didn't surprise me that Ayala had jumped the team, as the man is notoriously flaky, but the fact that he took the proverbial back door and got the news to me indirectly rankled me. I e-mailed the team—as it would happen, on the Ides of March, but this time *not* including that Brutus—to inform them of my "executive decision" to reschedule weekly practices. I finally heard from Brutus Ayala two days later. His reason for not joining our team, and a quote that he would deny issuing much later on: "Nothing personal, I feel better about my chemistry playing with [the Storeroom]."

"Chemistry"? I had to ponder that a while. Ayala, chemistry? I don't think Ayala has enough substantial organic matter to produce any chemistry; I often referred to him as The Man Who Wasn't

There, both for his languid demeanor and his pale, almost transparent white skin.

Alea jacta est! Indeed, the die was cast. But would poor Ayala crap out?

I began at this point an arguably petty campaign of retaliation. It began with my asking Ayala to return his #14 Summit jersey; I might need it for a new player. It was a well-established fact that Ayala collected softball jerseys like he did women, as he often bounced from one to the next after a short honeymoon. Again, I would have to wait weeks for his reply.

Meanwhile, Matt Moritz told me that he wanted to wait till April to join the team in practice. He had re-injured his ailing left wrist while ice-skating—that is, getting hammered and coasting into a rink wall in an attempt to stop himself. (More on the injured wrist later.)

By then, I had opened a free Internet-based voicemail account by which the team could learn about upcoming practice and game schedules. The number (206-222-ISHY) would produce giggles (I haven't been called "Ishy" since junior high), but the team used it— more than I did, apparently, as teammates often reminded me to update a stale message.

Stan, Wilkins, and I also swore one evening over drinks at the Bad Juju Lounge never to speak Ayala's name again. Wilkins, for some reason, was especially upset at the traitorous decision and drove to Ayala's house after many beers to pee on the front door. This went completely against my wishes as team manager, as I had advised that Wilkins leave a burning bag of dog shit on the porch, instead.

The team captains held their third meeting on March 21, this time at Café Venus on Eastlake, in Seattle's Cascade neighborhood. We decided how much—and when and whom—we would pay to play: $75 to Mark Mendez, commissioner of the Core softball league, and $725 to the City of Seattle for field rentals (both fees due April 4). We voted to buy softballs in bulk, and the commissioner ruled arbitrarily that animals on the field during a game would be "in play," which meant that if a player were to hit or run into a dog, bird, or squirrel, play would continue. The team captains took it upon themselves to research the idea of banning "juiced" bats.

Some days later, I asked Jason Schumaker, the captain of the Monkey Pub Schmidt Pounders, if we might arrange a scrimmage between our two teams, which I thought were evenly matched. Like all the other scrimmages that I scheduled, it never happened. As Jason put it: "Flakiness is rampant in the preseason. I got a bunch of Allen Iversons on my hands," in reference to the petulant Philadelphia 76ers point guard.

* * * * * *

OUR TEAM PRACTICES WERE MOVING ALONG. For starters, we finally "signed" Jim Kim, a friend and coworker of Courtney's, and a compact player whose fast bat impressed anyone who saw him take a swing. We practiced a bunch, too, with a friend of speedy outfielder Geoffrey Stenning—one Blair Fowler, a lanky, gazelle-like specimen who had played minor-league ball with the Florida Marlins and who our team agreed would be a plus, whether in the outfield or infield, and definitely at the plate.

Also, another of our outfielders, Justin Bergquist—the proverbial gentle giant and a player of Bunyanesque dimensions whom we called "Big Tree"—was sending softballs on one-way trips over chain-link fences and into traffic, parked cars, and sewer openings. With every practice, having voted to buy balls in bulk was proving to be a wiser decision on the part of the team captains.

Folks still debate which of the Big Tree's feats truly happened and which are merely tall tales (no pun intended). For example, did Justin really fire the ball from right field that one time and over the fence, across Pine Street, through traffic, and into the drive-through window of the Kentucky Fried Chicken? Did he truly release the ball late that other time, sending it 400 feet underground and toward the infield, where it finally stopped and popped up like Bugs

Bunny out of a rabbit hole (and did it make that famous left turn at Albuquerque)?

One thing's for sure and true: Justin really did toss a relay throw once from deep center field past a helpless cutoff man, over the backstop behind home plate, and into the bed of a pickup truck that was parked 10 yards behind the field—making the truck's radio skip upon impact. (Now, whether or not inspection of that particular ball would reveal it to contain bits of iron ore and other galactic debris might be where the tall tale begins.)

We held practice on Monday, March 22, a day on which I had called in sick to work (I must have overdone it at the previous night's captains' meeting). Chris, Wilkins, Mike, Stan, and I repaired to the Bad Juju Lounge after practice for well-deserved beers. Frank Bednash—fellow New Yorker, Yankees fan, Luddite, and all-around ornery bastard, thus my favorite after-work drink purveyor—was tending bar. In addition to his wonderful New York charm, Frank was known both for the buyback, in which the barkeep buys you a drink if he likes you and you've bought one already, and for automatically refilling any empty glass that he found in front of you—a tricky combination.

The gang was unfamiliar with the ways of Frank, who by settle-up time was complaining to me that these "deadbeat" friends of mine had groused about their tabs and tipped poorly. In fairness, we hadn't ordered half the beers for which we were being charged, so I offered to cover the difference of all our tabs.

"Perfect," muttered Frank.

An inveterate, unapologetic, almost paranoidal Yankeephile, Frank would say later that our lousy behavior had something to do with the fact that Chris was wearing a Boston Red Sox cap, which might be a valid point.

Meanwhile, I had been trying to recruit players for Commissioner Mark Mendez, whose own newly formed band of scrubs— tentatively known as the Death Sox—was unraveling faster than a cheap sweater. I knew of at least two folks at the Bad Juju who wanted to play softball, for any team—none more than Frank the barkeep, who then learned that management hadn't notified its employees that it would be sponsoring the team of the nearby Comet Tavern and, oddly enough, would not extend the invitation to employees of the Bad Juju itself.

"They're fucking retards!" Frank would say. The new "house" team would be called the Bad Juju Pork Chops. Frank then announced that he wouldn't play for them (it turned out that the team wasn't interested, anyway). Instead, he would start his own, imaginary team—the Bad Juju Jew Sox, complete with Stars of David on their stockings. Later, the Bad Juju's fry cook would join the house team, before moving to Japan to teach English—and to "bang as many Japanese chicks as possible," as our fry cook put it.

Although Frank couldn't play on a real team, he offered to help me out with my own team's lineup, like the good Christian that he was.

"Alright," he advised, "your number-one guy, faggot. Your number-two guy, homo. You wanna stack your home-run hitters—what do you got, eight of 'em?—from three through ten. Your number eleven to fifteen guys, bunnies. There. Perfect."

Alas, poor Francis; I decided to go with a different lineup.

ON THE MORNING OF MARCH 25, a Thursday, I woke up feeling not myself. I was in the bathroom, getting ready for work, when I suddenly felt that I was watching my movements from a distance, or as if what I was doing was not real or not happening in this reality—a certain disconnection. (I must have been at the Bad Juju much too long the previous night. My visits to the Lounge were becoming something of a ritual, as I went there after a stressful day at work whenever Frank was tending bar, and often even when he wasn't.) The upshot was that I thought that I was about to lose my mind.

I'd had exactly two previous experiences in which I felt that I was being dreamt—that is, not the dreamer, but the dream. Both instances involved hallucinogenic drugs—more specifically, very strong pot. The second time, I had to leave a social event after a sudden panic attack impelled me to get the hell out of there and make my way on auto-pilot back home, where I went straight to bed—perhaps to try to "wake up."

It's a fact that people have bad experiences, freak out sometimes, from too much (or too strong) pot. But in my case it triggered something in my brain that made it hard for me to get out of my own head. This dissociation was especially pronounced when I stared at something for too long, after which I might get lost there and wonder whether or not I was awake, which caused in me extreme panic. These dissociative feelings and the anxiety seemed to stay with me long after the second bad experience.

I had recently come across a small announcement on the back page of the *Village Voice*, under the headline "Depersonalization Disorder Research," that described exactly what I was now going through: "Do you frequently feel unreal or detached, like in a dream or fog?" Hell, yes! Every single day, and for quite some time. Only, I couldn't afford the plane ticket to New York to visit Mount Sinai hospital, which was offering a treatment study on the disorder.**

***

**Thankfully, their findings would be published in the book *Feeling Unreal: Depersonalization Disorder and the Loss of the Self* (Oxford University Press, 2006), by Daphne Simeon, MD, and Jeffrey Abugel.

So, I did the next best thing: I called in sick to work and went back to bed.

Depersonalization Disorder has been described as "[a] change in an individual's self-awareness such that he feels detached from his own experience, with the self, the body, and mind seeming alien." This often meant that I might cut myself short during conversation, because I would hear myself speak as if I were someone else and wasn't sure what that "someone else" was going to say next. Not to mention that I often had a sense of disorientation, so that I was confused about not only *who* I was, but also *where*.

Drinking heavily was a way for me to treat my condition, if that might be called a treatment. Invariably, the fear would dissipate, but then the attendant hangover was worse than the original feeling, so that I found myself in a Catch-22. I had even avoided drinking for nine days in February to see if that would ameliorate the problem, but the feeling persisted. (My being on the wagon did nothing but cause a panic in Bad Juju bartender Frank, who asked me, "Did you do something wrong? What'd you do, kill a cop?")

The morning I called in sick, I went to the emergency room at the Providence Campus of Swedish Medical Center, where I described what I was feeling to the intake nurse. She had me put in a room, where I was soon visited by a doctor who I thought for sure pegged me as a lunatic. He chatted with me for a while, seeming not to be listening or taking me seriously, then summoned the hospital's social worker, who came to see me after I had signed a "no-harm contract." After hearing me describe my symptoms and everything that I was feeling, plus what I had read about Depersonalization Disorder, she had this to say:

"The good news is, you're not crazy. But I would advise you stop reading what you're reading about this, which is only making you more susceptible to believing you have what you think you have."

Boy, was that not helpful.

(The previous year, I had written the following in my diary:

"Last night—and it was a long night of sleep—I had at least two dreams, so vivid, in which I asked and re-asked and confirmed for myself that I actually was awake in these dreams. It's not the first time I've done this asking in my dreams, but it's rare that I convince myself I'm not dreaming, only to find later that in fact I was *only* dreaming. As you might imagine, it makes it difficult in waking life to believe I'm truly awake.

("One of my dreams was work-related. In waking life, I constantly have to remind or ask myself that I'm actually awake—especially in dim or too-bright lighting. Last night, however, I was convinced while in dream-state that I was experiencing a true, real, waking-life situation.

("[When I'm awake] I usually know what day it is, including the date, but I don't trust my eyes or my mind, or by consequence the people around me. I find myself withdrawn—I know I'm a little depressed, although I don't know or I'm not sure why—overly-conscious, doubtful of reality or my sanity (or both), and *frightened* because of all of this. Oddly, TV seems more real to me than the live, living things surrounding me on a daily basis. Sometimes, the feeling is of being high on pot, which I quit smoking months ago.

("Writing seems to help, as it seems to ground me; I don't write in dreams, or read. Otherwise, the feeling that strikes fear into my heart and makes it beat wildly is that I'm not here, not real—or being dreamt by some other consciousness far beyond my own. (See Borges, 'The Circular Ruins.') Hangovers contribute in a big way to this feeling of 'Am I seeing what is there? Am I here? Is this what I should be feeling/seeing/believing? Are these my eyes? Are they open? Am I seeing too much, or not enough? Is my mind my own?')"

In the end, after describing my experiences and feelings to the hospital's social worker, I was shown to "have signs of mental depression ... believed to be caused by an imbalance in brain chemicals [and in which] alcohol [and] drug abuse often play a part." The social worker recommended that that I see a psychiatrist, who could prescribe me antidepressant medication.

The search began now for my own Dr. Melfi, after Tony Soprano's shrink on HBO's *The Sopranos*. I was still down emotionally, but I felt that I had done the right thing by visiting a professional about my condition—whatever that was. As I wrote in my diary, "I hope I can correct my condition or avert the worst, and soon."

BY THIS TIME, I HAD SUBMITTED my itemized "Summit Team Sponsorship Proposal" to Sam Munguía, the new owner of the erstwhile Summit Avenue Tavern, now the Summit Public House. Previously, the two brothers who had opened the tavern in 1998—Dan and Matt Toepke of eastern Washington—had given our team about $300 for each season that they sponsored us, as well as jerseys and an after-game beer discount one year. This year, however, I would require more cash, and I wasn't sure how the new owner would react.

A few days later, Sam approached me about my proposal. "Dude, listen," he said, "I'm sorry, but I lost that thing you gave me. How much was it you needed?"

I gulped hard before telling Sam that I had proposed a $500 sponsorship. With the $750 that I would collect from the team at $50 a head, I would have the $1225 (plus $25) that were needed for fields, umpire fees, balls, and "misc." Generous guy that he is, Sam cut me a check on the spot for the amount that I had requested. He told me also that sponsoring our softball team took care of the advertising budget of the Summit Public House.

(Can you believe over *twelve-hundred bucks* to play beer-league softball? And we have to pay for our own beer before, during, and after games!)

I recalled having to ask previous co-owner Dan Toepke in 2001 if he wanted to sponsor a year-old softball team. Chris Ford, who apparently had never asked a business owner for money, came with me, the whole time elbowing me in the ribs like a schoolgirl standing next to the friend who's asking the boy to the big dance. Dan agreed—on the condition that he be allowed to play. After debating this new development, Chris and I decided that adding Dan to the team roster would be a small price to pay to get in on some much-needed monies. And it turned out that Dan would become the type of pitcher that you don't see every day in slow-pitch softball: the type who puts nothing special on the ball, yet strikes you out swinging again and again and again.

In 2002, Dan's brother, who wasn't much of an organized-sports aficionado, nearly tore my head off—as well as the roof off the bar—after he received the box of new jerseys for which he was paying (*in addition to* the team sponsorship). Matt Toepke had just opened the box to find our new, blue, football-style mesh jerseys with gold (or maize) lettering—Michigan colors, as requested by Moritz—this, after he had specifically requested "no mesh," and advised us that he wouldn't pay for it.

"I guess my opinion doesn't fucking matter, even though it's my money," he cried, holding up a jersey as if it were a baby that had just befouled itself. Eventually, Matt would warm to the idea of mesh after the team convinced him how cool (literally) it was. And he would look good, too, in his own #3 jersey—three being the number of years that the Summit had been open.

THE FOURTH AND FINAL CAPTAINS' MEETING—a drunken, crowded affair—was held on Palm Sunday, April 4, at our own Summit Pub. Before then, I had e-mailed Commissioner Mendez about putting Frank Bednash on his team. (Like I said, I'm a swell guy.) But Mendez already had solidified his club, now known as the Knurd. Meanwhile, Frank was telling the Bad Juju management, in his own way, to "go fuck themselves in the ear."

The one thing that I did contribute to this last meeting—other than vast amounts in club fees and several pitchers of beer and water—was a motion to have a moment of silence before each team's first game, in honor of a onetime player and member of the former Storeroom team who was known to most of us as "Jefe" and had died recently.

Jefe had died by his own hand during the off-season. I can't say exactly what inspired me to make my proposal; frankly, the man had been (to be kind) standoffish to me in our few interactions, although one could argue that his behavior was par for the course for members of the Storeroom. But the last time that I saw him—at the Core League party at the Sunset Tavern in Ballard, after the end of the 2003 season—he was having the time of his life, and even paid me what I took as a genuine compliment on the Panama hat that I was wearing. Also, he was a human being who was no longer there in the world, and this fact had an effect on me. Needless to say, I was happy when my motion was carried overwhelmingly.

For reasons still unknown to me, the moment of silence to be held by each team before its first game of the season was fixed by Commissioner Mendez at 33 seconds. Maybe Jefe had worn #33, or perhaps he was 33 years old when he died.

AS I HAD YET TO HEAR from Ayala about the #14 jersey that he still owed the team, I e-mailed him on April 6 to ask for its return—this time, in the form of a sonnet. You see, Ayala is a so-called artist, of the painting and sketching variety, and I was betting that an arty message might get his attention. Also, his work had been on display on the walls of the Summit for some time. After the bar changed hands, unbeknownst to Ayala, his pieces had been placed in a box and removed to the home of Dan Toepke, who apparently needed firewood. The text of what turned out to be my blackmail message, titled "Half-Sonnet for a Softball Player-Artist," follows in its highfalutin entirety:

> Once, the jersey owned by Summit Pub adorned the back of softball player-artist; once, the art of softball player-artist lined the walls of Summit Pub;
> Alas, those days are *over.*
> Summit Pub changed owners, taking art with them; the softball player changed his team, and took his jersey, too;
> Alas, those days are *now.*
> The Summit ever lost its jersey; artist ever lost his pieces;
> Lo, *those* days can be forgot,
> If wrongs be righted—elsewise, *not.*

Pretty terrible, I know. But it worked. Ayala replied two days later—record time, for him.

"You're lamenting I still own my jersey? Do they need the art picked up? I hear Courtney brought in a couple sluggers [perhaps referring to Jim Kim], way to go."

He had missed my point, not surprisingly.

"No lamenting," I wrote back. "It's just that I'm short a couple of jerseys this year and I need your #14. I can find out where your art is and we can make an exchange."

That would be the last correspondence between Ayala and me till April 18—our team's opening day.

By April 11, I was able to get some type of game schedule to the team. By April 14, I had ordered new jerseys for new players Jim

Kim and Blair Fowler—including a new #14—from Lisa Cooper, an old friend and co-owner of Ebbets Field Flannels, the vintage-sportswear company, who had made our previous jerseys. Jim requested and would wear #19; Blair would wear a blank sample jersey with "14" made out in duct tape on the back, thanks to Ayala. And, by April 16, Commissioner Mendez had sent the coaches the official schedule and "rulz."

As for my own "official" rules, I half-joked to the guys on the team that I didn't want any of them having sex or pleasuring themselves in any way on the night before a game. I think it was Sun Tzu who had written, in *The Art of War*, that soldiers were more battle-ready when they eschewed the "spilling of seed" the night before a skirmish. This might explain why Robert De Niro, as Jake La Motta in the Martin Scorsese film *Raging Bull*, empties a pitcher of ice water into his boxer shorts after making out with his underage girlfriend before a big fight.

I know for a fact—as well as first-hand experience (so to speak)—that this rule was sometimes broken. But I digress

On April 15, Toepke, Justin (Big Tree), Mike, Stan, and I had an appointment at the batting cages of the Northwest Batting Institute, a warehouse space south of Safeco Field that is now known as the Strike Zone. We were to meet at Sluggers, the split-level, 37-TV-screen sports bar where Justin worked. Toepke and I, arriving together, found the place closed. We stood outside and smoked cigarettes, perplexed, till Justin came out to let us in. Except for Mike, Stan, and another bartender, Sluggers was empty.

"I had to shut down, dude," said Big Tree. "Nobody's watching the game, 'cause the Mariners suck. There was, like, one guy drinking. I told 'im, I said, 'Dude, you gotta go.'"

And it was only 7:00 PM.

At the batting cages, a partner had to feed a bucket of softballs—up to 50 of them—to a machine that then spit them out to the batter at an adjustable arc. Each of us was spent after two rounds of hacking. Calling my shot once, I hit a line drive through the net-free space through which the machine dispensed the balls, nearly hitting Stan square in the forehead. But that was me: I had hit a number of pitchers in previous years, usually on their shins, as I developed into an up-the-middle, through-the-box type of hitter.

Once, while Mike pitched to me in practice, I lined a ball at his head that he would've caught, except that he had extra balls tucked in his glove. Luckily, there was a police station across the street, and we were able to get ice for Mike's swelled forehead. Another time, I lined a shot straight back to our team's reed-like first baseman, Doug Trotter, whom my wife Suzy has dubbed the "Space Mantis," for his resemblance to Zorak from the revamped *Space Ghost* cartoon. After the pitch and its result, Doug made like Charlie

Brown, spinning off the mound while his hat flew off his head and spun in place, only in the opposite direction.

Oh, yes: I was more than ready for softball in 2004.

So, it came to pass that on April 17, the eve of our first two games of the season, I was sitting at the Summit Pub, beginning my softball diary and working on the lineup. Three of our players—my 2nd baseman Courtney, and the above-mentioned Mike and Doug—had become injured and wouldn't play or, as in Mike's case, would bat but not field. Courtney and Mike had become injured during practice—she, her pinky; he, his knee—and Doug, a Philadelphia-sports fan, had hurt his back during the off-season, probably while watching a Flyers or 76ers game on his couch.

Moritz stopped by the bar while I was working on the lineup, gave it a quick peek, and saw that it was good. He was one of my co-captains (the other being Courtney), so his opinion was golden—or at least University of Michigan–maize. I had arranged as best as I knew the 15 players on the roster, minus the 3 injured ones, in my first-ever lineup as official manager and gotten a thumbs-up from my leadoff man. This was my Opening Day, Game One batting order:

Matt Moritz, third base
Stan Mastalerz, catcher
Matt Wilkins, left field
Jim Kim, shortstop
Keith Zentner, first base
T.J. Evans (Game Two pitcher)
Justin Bergquist, right field
Dan Toepke, pitcher
Blair Fowler, right-center field
Chris Ford, second base
Geoffrey Stenning, left-center field
Ismael Marrero (Game Two catcher)

I began my diary with the same sentiment that I had mentioned to Sam Munguía in my sponsorship proposal: The purpose of our team was to "[bring] home a championship; with this year's lineup, this is almost a reality—more this year than any other up till now…." I finished my diary entry with: "This weekend, one bad team, one good team, both to beat, a gauge for the rest of our season. We'll see how that goes. I'll keep you posted."

OK, scrub: Consider yourself posted.

Inning Two:
It Was the Best of Teams, It Was the Worst of Teams.

AS IT TURNED OUT, MIKE DIDN'T play at all that Sunday, April 18—not even in the field. Courtney, who next to Matt Wilkins is the team's loudest voice, kept score for us and inspired the team with her renowned cries from the dugout of "Everybody hits!" and "I demand five runs!"—five runs being the maximum that a team was allowed to score in any inning, except for the seventh and final inning, which was known as the unlimited inning. The also injured Doug Trotter was a no-show (which must have meant that the Flyers were on TV). We played at Dahl Field, a sprawling, four-diamond complex adjoining University Prep in the Wedgwood neighborhood of northern Seattle.

Before the game, my wife Suzy and I had met Moritz for breakfast at Crave, a newer eatery on Capitol Hill. Trying to keep it light, I ordered a bagel and fruit bowl. Like my man Joe Torre, skipper of the Yankees, I also enjoyed a lovely green tea. Then the three of us cabbed it to the playfield.

In our first game of the season, against the commissioner's team the Knurd (that's "Drunk" backwards, get it?), our starting lineup produced five runs in each of six innings. Moritz, Stan, and Jim each went 4-for-4, Moritz a triple short of hitting for the cycle. Wilkins, Justin, and Geoffrey each went 3-for-3. And Chris and I each went 2-for-2. Also, Moritz, Wilkins, Blair, and Geoffrey each hit a home run—Geoffrey hitting two—and Dan Toepke gave up only six runs, while striking out one and walking none. We even turned our first double play—a neat 6–5–3—to end the game (next to a home run, the best way to end a game). And we had won our first "mercy" game of the season, satisfying the Core League "skunk rule," which stipulates that the game is called immediately after the fifth inning if a team is up by 20 runs or more. Final score: 30–6.

A highlight of the game occurred off the field when Ayala, whose team had played and won a day earlier, Opening Day, stopped by with some of his teammates to watch us play. One of them couldn't resist asking why Keith Z.'s jersey was a shade lighter than the others, to which the classy fellow replied, "I'm cut from a different cloth!" (Literally: His jersey had come from a later production run.) Ayala brought with him the #14 jersey that I had been asking him for all year. In the epitome of his tragic sense of timing, he offered it to us *after* Geoffrey had duct-taped a number on the back of his buddy Blair's blank sample jersey. Blair accepted Ayala's offering like a gentleman and wore it till mid-game, when Lisa Cooper arrived—her black Lab, Bella, in tow—with the official #14 jersey for Blair that she'd had made, after which Ayala's jersey was returned to him, albeit reluctantly.

Another highlight of the game—this one language-based—came after Moritz's second at-bat, when he had hit his dinger. Trotting down the third-base line, Moritz smiled and cheerfully pointed toward the stands, where Helen "H" Tapping—Chris Ford's girlfriend and a smart-alecky Londoner—was sitting among our fans and hecklers.

"Flying fists, baby!" Moritz shouted to the stands. "Flying fists!"

Except that H heard "flying fish," which is how it came out of the mouth of Moritz in his Michiganese.

"What's 'flying fish,' Matty?"

"Fiststs!" he shouted again. "Flying *fiststs!*"

"Is that your favorite fish?" (Sprinkled laughter.) "I'm just saying!"

At which point H finally took the wind out of poor Matty's sails. From then on, Moritz would be known as the Flying Fish.

I had walked in my first plate appearance of the season; I tended to get on base a lot that way. It was for this reason—the fact that I seemed to have a good eye, to be a good judge of balls and strikes—that my teammates had taken to calling me the Falcon some years ago. My strolls to the batter's box now were usually accompanied by the sound of players in the dugout making what they thought were falcon cries, but which sounded to me more like the last calls of a dying seagull. I have to say, though, that I really like the nickname. And its acquisition satisfies my theory of nicknames, which is that they're better when applied by others than by oneself.

Just ask the Flying Fish.

(The Stepping Stones; the Summit Sherpas, Spoilers, Stumblebums, and Swarm are among the nicknames that some of us have tried to apply to our team, with little success. In our league, there are 86ers, Five Star Divers, Pork Chops, Schmidt Pounders, and—worst of all, in my opinion—Unicorns. These are all self-applied yet somehow enduring nicknames, but ever since we were known as the "Kukes" we haven't been able to get a name to stick. Maybe that's a good thing. Maybe we're fated to be known only as just the Summit, or the Blue and the Maize.)

During that first game, I had suffered the first of several, mostly softball-related injuries of the season. In the top of the fourth inning, I strained my left shoulder as I slid headfirst into second base while stretching a single into a double. It had rained earlier in the day; the infield dirt had dried only partially and had assumed a rubbery consistency not conducive to headfirst slides. The left side of my head slammed into the bag, my hat and glasses went flying in opposite directions, and the earth spun around me like I was an untethered top. Jim Kim would admit later that he thought my painful belly flop was the funniest thing that he had seen all year.

When the Knurd's second baseman kindly handed me my glasses, the left temple was mangled. I twisted the temple back in place, dusted myself off, and stayed in the game.

GAME TWO—AGAINST RICHIE D'S UNICORNS (formerly Cooper's, Sharkey's, and the ineptly named Moustache Rides), who were captained by Grant Kauno—was a closer affair, but we pulled off another victory, 8–6, led by home runs from Wilkins and Blair. The ding-dong from Blair was a three-run bomb that gave us the lead for good. Although I hit a sharp grounder to the shortstop resulting in an error on which I would score later, I really felt the pain in my neck and shoulder, which was made evident by my weak grounder to the pitcher in my next at-bat.

Thanks, however, to a stellar defense—led by Jim at short and a fluid outfield—and a solid seven-inning outing by pitcher T.J. Evans—a friend and coworker of Courtney's whom I endearingly called "Cy Olde"—we were able to keep at bay a team that eventually would win its division and reach the Finals. Their leader Kauno, whom I saw at work the next day, had nothing but praise regarding our victory: "I can't believe you bastards beat us."

During that game, Ayala again had come over to watch us in the field. Impressed with our defense, he commented, "No holes." *The bastard is scouting my team*, I thought. For this reason, pitcher Toepke later would dub him "Spyala."

We learned eventually that the previous day, the captain of the 5 Star Divers, in his first at-bat of the season, had smashed a ball into the face of the third baseman of the hated Blaspherions team while using a "banned" bat that he owned—one that (according to him) was "stamped with the ASA 2000 approval, but … just banned this month for 2004 [and costing] almost $300." The injured player would spend some time in the hospital with a fractured jaw. A cry went up almost immediately from many of the other teams, including the Summit, to ban the bat in question. So much for us team captains researching the "juiced" bats issue and voting on it earlier in the preseason.

It was at our victory celebration at the Summit Pub—the first of many—later that afternoon that I proposed my ill-fated challenge to the team: If we won our first six games, I would dye my hair Summit-jersey blue. The gauntlet had been thrown!

(And, later that night, secretly retrieved: After e-mailing the scores to the commissioner, I informed my wife of the blue-hair challenge. Suzy dismissed it out of hand. "You have beautiful hair! You'd have to strip it before dying it anything other than dark-brown! I won't allow it! You're insane!" I now had to figure out a solution to my rash challenge.)

My shoulder was still killing me two days after the injury, despite my best late-night efforts to ice it. I had also bruised my left elbow, strained the right side of my neck, and suffered a mild contusion on my left knee. I decided to keep myself out of the lineup for at least the next two weeks, which would give Stan, our team's other regular catcher, more playing time behind the plate.

As for Mike and the two other injured players, they would be listed as day-to-day players. As for myself, I would begin my search for a blue wig in earnest.

Inning Three:
How Do Ya Like *Them* Washington Apples?

THERE'S A LITTLE DRINKING THAT'S DONE at softball games—even at family-oriented softball games. As you might imagine, the drinking in beer-league softball is more than a little, and technically it can take place before, during, or after the games—but especially during and after. Our team would prove this phenomenon in textbook fashion over the next doubleheader.

Our third and fourth games of the season took place on "home" turf, Capitol Hill's Bobby Morris Playfield, on Sunday, April 25. We were scheduled to play both games against the Garage, a newly formed team that happened to be in our division (hence the doubleheader) and was sponsored by the bar on Broadway of the same name that straddled First Hill and Capitol Hill.

The Monday prior to the games, April 19, I had been at the Bad Juju, drinking and watching the Yanks lose to the Red Sox, 5–4, when members of the Garage, including their leader Cathy Ann McClure, ambled in.

"These broads are on the team we're playing this weekend," I whispered to Frank.

From behind the bar, Frank ogled them over his glasses.

"Beauty-full," he said. "So, you gonna call me, Ish Kabibble?"

"Sure, Francis, I'll call ya." (Sound familiar?)

"Perfect."

One of the girls accosted me. She had worked with Matt Moritz at Fadó, the franchise Irish pub downtown, north of Pioneer Square. Either she recognized me, or Frank or I must have said something in her direction, because she came over to talk smack: "Tell Matt I'm gonna kick 'is ass on Sunday."

An hour before noon on a beautifully sunny game day, I was already at the field. Although I wouldn't be playing because of my injury, I liked to set an example by arriving early. Our unofficial mascot, the seemingly ever-present bagpiper who always took over one of the dugouts before any of our games at Bobby Morris Playfield, was there, and in fine form. Today, he was playing a recorder. We could never make out what tune it was that he was trying to play while the team stretched and got loose, and about the only thing we ever said to him was, "Excuse me, but we'd like this dugout" or "Heads up, dude!"

The Garage featured the first and only boy-girl, boy-girl lineup I had ever seen in the Core League; all the way down the lineup, there were no two boys or girls batting back-to-back. Also, their team brought the most beer that I had ever seen in one place, which they unloaded from truck after truck that they kept backing up and docking in open parking spots. There were cases and cases of the cold stuff! The scene recalled Oktoberfest, or the Allied invasion of Normandy.

Our fans, meanwhile, were out in full force on this gorgeous, sun-filled day; the majority of them sat on the grass in foul territory along the third-base line. Oddly enough, that's where the Garage players had stowed most of their beer.

We slaughtered the Garage; over the 14 innings of the series, our defense allowed only 1 run, while our offense produced 33. We won the first game 20–0; but we had notched our twentieth run in the seventh inning, and not the fifth, so that the skunk rule wouldn't apply.

Blair and Jim Kim each hit a home run, and Chris and Toepke were perfect at the plate, each hitting 3-for-3. Keith Z. pitched masterfully over seven innings, giving up only four hits, while striking out one and even getting an unassisted tag-out putout in the fourth inning.

Have I mentioned that Keith Z. is the embodiment of doing everything right and with style? Whether it's leaving the mound to cover first to assist on a putout, or hitting a double but taking third *while the ball is coming in to the second baseman*, he leads by aggressive example, while making it all look easy. We call him "Keith Z."

because we once had a player called Keith Anderson, the Sultan of Swedes, who batted lefty and went by "Keith A." (We still call Keith Z. "Keith Z." even though Keith A. is in Sweden now.)

The Garage scored their only run of the series in the second inning of the second game, when one of their players hit a homer. We countered with three of our own—another from Blair and two from Mike Leonard. This time, Toepke pitched, striking out one and walking none in a 13–1 rout. Geoffrey, Wilkins, and Mike were perfect at the plate, each hitting 2-for-2. Courtney, back from her injury, played both games and was error-free at second base.

Although they have since become more competitive, at the time it seemed that the Garage was out just to have a good time and a few hundred beers. My team, on the other hand, seemed to be out to try to win its first six games of the season so that Coach would have to make a cut-and-color appointment. We now stood alone in first place, six runs ahead, surprisingly, of the second-place 5 Star Divers—a first in Summit softball history.

The Garage invited the Summit afterward to their combination bar, pool hall, and bowling venue for a few drinks. This was an understatement; our opponents were not only good sports, but as mentioned earlier they were furious drinkers. Between our two teams, we drank all the liquor and ordered every French fry in the house, although most of the fries we ended up flinging at each other in an orgiastic display on the patio.

It was at the Garage, too, that our team discovered the newly popular and delicious "Washington Apple," which consists of Crown Royal scotch, DeKuyper sour-apple liqueur, and cranberry juice—all shaken together and served chilled in a shot glass. The Washington Apple: (hardly) the thing to keep the doctor away.

No one, including himself, knows how he managed it, but a seemingly plastered Geoffrey somehow found his truck and drove it home that afternoon. He sort of disappeared from the goings-on, and the rest of us didn't see him again till the following weekend.

For the kids out there, I must say that I do *not* condone such behavior. Do not, for the love of all that is sacred, get drunk during a sunny softball doubleheader, polish off yet more drinks at the local bar, and then drive your red pickup to Shoreline! Catch a cab, hitch a ride with a more sober friend, or sleep in the road. But whatever you do, *do not* take a French leave, stumble to your truck, and weave your way home after an afternoon spent at the Garage!

Suffice it to say that a very good time was had by all. This might explain why my diary notes following that particular series were six days late.

116

Inning Four:
If Men Are from Mars, Stan Mastalerz Is from Charon.

THE PREVIOUS WEEKS HAD SEEN A flurry of e-mails from both managers and players regarding the injury sustained on Opening Day by the Blaspherions' third baseman at the hands—or bat—of the 5 Star Divers. A collection toward the player's medical fees was started, and Courtney reminded me that the Blaspherions had contributed to Moritz's fundraiser when he was gruesomely injured a couple of years back in a game against them.

(In that game, Moritz—having called off other outfielders with his unmistakable "*I got it, I got it!*"—ran in to catch a pop fly, but tumbled forward and landed on his extended glove hand, whereupon he broke his wrist in two places. Amazingly, Moritz managed to hold on to the ball for the out. Our number-one fan and team *couturiere* K.D. Schill—also our Florence Nightingale— drove him immediately to a hospital.)

Wilkins had played several innings at third base, and he immediately notified me of his reluctance to play there any longer, especially against the 5 Star Divers, unless it was with a catcher's mask on. "Fuck playing third base," he said. "Put me back in the outfield."

Meanwhile, the commissioner reprimanded the coaches via e-mail. "[You] voted to have no banned bats. I blame every [captain] who voted to not have any banned bats, that was a stupid fucking decision on [your] part! If I had any veto power at all, I would've vetoed that stupid fucking rule!!!"

Coaches from the Schmidt Pounders, Fighting Amish, Monkey Pub 86ers, and Venus all replied to reverse their original votes. Others agreed that the incident wasn't intentional, but that the bat in question should be removed from play. I chimed in that "a team as good as the 5 Star doesn't need a composite (or juiced) bat that can hurt you," and that the team should "sell the bat and add it to the [injury] fund." To his credit, the culprit—Jake, the 5 Star Divers' captain—replied that "words cannot tell you how shitty I've been feeling since the incident" and that "I will not be using the Ultra 2 [bat] anymore, or any banned bat for that matter."

I had called in sick to work again on April 26, the Monday after our Garage series—again, to visit the ER at Swedish Medical Center. I was doing this mainly to get the required doctor's note to bring to work, as I was on probation for my absenteeism and *had* to bring in a note. But I also wanted to know what was going on with my shoulder.

The ER report showed that I had suffered a "strained muscle [meaning] a tear or pull in the muscle due to overexertion." The ER doctor gave me good drugs, but the fact that I had to rest the affected area meant that I had to stop doing my Jack La Lanne pushups. The octogenarian health guru recommended special triceps-building pushups in which the arms are extended above the head, with the hands joined at the index fingers and thumbs. These were good for the upper abdomen, too, but they taxed the shoulders, which I wanted to avoid doing. But I felt I was strong enough, anyway—especially for someone who mainly hit singles and walked a bunch.

By April 30, the commissioner had ruled: "After an overwhelming response by the league, certain bats are now officially banned in the Core softball league." Jake's bat would appear on the list of banned bats—which didn't mean that it wouldn't be used.

WE PLAYED GAMES FIVE AND SIX of the season at Bobby Morris Playfield on Saturday, May 1, against Venus Envy, a team that we enjoyed playing and that also featured a number of girls, including their cool coach Katy Aversenti. Katy was one of the first players in our beer league to wear a catcher's mask behind the plate (I believe I might have been the first), and today more and more catchers wear some kind of face protection back there.

As these were our first Saturday games, Blair and Geoffrey (who must have forgotten to check the 222-ISHY line) failed to show up before I turned in the rosters to the opposing team captain. After a phone call, Blair would make it in time for the second game of the doubleheader, but Geoffrey had made a prior commitment, so that he'd be out for the day. Myself, I would play in both games.

Even with the Blair/Geoffrey mix-up, we tallied 21 runs in the first game, which we won 21–1, and 14 runs in the second, which we won 14–1. Jim Kim, Keith Z., and Wilkins (who hit two 'taters) would be perfect at the plate in the first game, and Mike would lead off the bottom of the fifth inning with a solo shot that would end the game, as it pushed the score over the 20–run skunk limit. Toepke's pitching yielded three hits and—get this—*four* strikeouts, including the same guy *twice*!

In the second game, Blair, Doug (who finally joined us), Jim, and Wilkins produced home runs (Jim hit two), while Chris surprised everyone with a leadoff four-bagger of his own, and Toepke notched yet another strikeout as pitcher.

So, now our record stood at 6–0. The dust had yet to settle after our second game against the Venus, when Chris and some other sticklers reminded me that I had promised to dye my hair blue: We had won our first six games. I tried to express to them Suzy's near-hysterical reaction to my proposal, but nobody wanted to hear it. I would be labeled a flake if I didn't get the dye job.

Meanwhile, Frank of the Bad Juju was pissed at me for not having called him for our games against the Garage—all those cute girls!—and I had failed to invite him to our games against the Venus, too.

"Perfect," he had grumped.

I was making enemies left and right.

Our team had allowed only three runs over the last four games—an impressive feat, and one that Mike would repeat later to anyone at the Summit who would listen. But the Divers had finally managed to tie us for first place in our division, and in fact were one run better. This prompted Stan to decry the fact that we couldn't manage two more runs against a perennial non-contender like the Venus in order to remain alone in first. This was a valid point and reminded me of Stan's sincere revelation from the previous season that the secret to winning was scoring more runs than the other team.

Stan—variably known over the years as Stanimal, the Silver Bullet, and Staniel Adams—was full of quips like that. Like Pluto, he has a most eccentric orbit; like Pluto's only moon, Charon, he is way out there. Unlike Pluto, however, he most definitely does not have "a rocky core, surrounded by a thick mantle of ice" (thank you, *The World Almanac and Book of Facts 2000*).

In December of the previous year, describing how fat he had gotten in the off-season, Stan announced, "Even though I'm gaining weight, I'm losing weight!" He would also offer up, "Grounds are grounds," when I informed him that the poor of Cuba often reused their coffee grounds, as well as, "You can't go down if you don't go up," for apparently no good reason at all.

It seemed that the Summit softball team had its own Yogi Berra, Stan being a catcher—although, in Stanimal's case, he really did say everything he said.

Anyway, I had an inexplicable feeling that the honeymoon might be over. So, we had won six games and lost none—so, what? We had played mostly B-level teams; our closest game had been against an A-level team, the Unicorns. Next up came the heart of the A-level teams of the league, as well as a few x-factor teams. How were we going to fare against the better teams, now that we had started out so well against some of the not-so-good teams? How would we fare against teams that we had never played or that were just as good as us?

The next few weeks would answer those questions, for both good and ill.

Inning Five:
Into the Mouth of the Lobo.

WE WERE BACK AT DAHL FIELD in Wedgwood on Mother's Day, Sunday, May 9, for two games against the Salunatics of the Lobo Saloon, which is. on Eastlake. Historically, the Summit was undefeated against the Lobo, a hardscrabble band of hard-drinking boys. Word had gotten around that they had acquired a ringer to play third base. It seemed that '04 was the year in which the Lobo would be out for blood.

In 2001, we had closed out the season with a game against them that ended with a very close play at the plate in which I tagged out the Lobo's then-coach, who represented the tying run. With two outs in the seventh inning, he tried to score from second base, but for some reason hesitated while rounding third after Geoffrey bobbled a line drive to left field. Geoffrey recovered and fired a laser to the plate; the runner slid, and, dust everywhere, I spun toward the umpire with my glove raised to present the ball. Blue paused dramatically before announcing, "Out!" The Summit erupted in cheers, and my teammates even carried me off the field.

Each of our teams was a study in yearly improvement; as the Summit grew in confidence and talent, so did the Lobo. There was no surprise, then, when we only eked out a win in the first game, 15–14. Blair and Geoffrey were both on vacation boogie-boarding, so it would be up to Jim and Moritz to supply home-run power, while Justin, Mike, and T.J. each went 3-for-3. Keith Z. pitched well enough and walked none.

But the Lobo pack must have sensed a weakened prey. They took the second game impressively, a 15–5 rout and their first victory against us in their short history. Our offense wouldn't score a run till the fourth inning, by which time we were down by 13 runs.

This game would mark the first time, too, that I had to replace a pitcher—namely Toepke, after the third inning and 12 runs, and in favor of T.J. One could have blamed our first loss on any number of factors, including: the absence of Blair and Geoffrey; the fact that we might have been pressing a bit (we made 14 fly outs) or that we were losing confidence (we made a season-high 10 errors); the Lobo's tenacity, patience, and hunger; or even the fact that my hair was still brown.

I had jotted down some coaching notes before our series against the Lobo, notes that for whatever reason I didn't share with the team. Firstly, I wrote, a pitcher should take it upon himself to slow down the pace of the game when he senses the other team's

124

momentum surging. Secondly, each player should trust the batter ahead of him to get on, trust himself to move him over, and trust the batter behind him to drive him in. Thirdly, a player shouldn't hesitate to approach the coach if that player is injured or feeling tired, or has a concern; Coach might be too busy with decisions, observations, changes, or the scorebook to keep tabs on players individually. Lastly, players on a good team shouldn't only trust but also communicate with one another.

It's probably just as well that I didn't share my notes. As a coach, the tack that I've decided to take with my players is more one-on-one than group-oriented. When I have something to say to a player, I'll usually take him aside or join him during warm-up and say it to him, quietly. Otherwise, I might make a small announcement and let it sink in, approaching players individually only when necessary. Anyway, a good team usually knows what it has to do, without its coach having to give reminders constantly or seemingly randomly.

That was one problem that we'd had with Ayala when he played with us the previous year: He wasn't the coach (Chris was), but Ayala thought he was—or wanted to be—and he liked to give little pep talks. Chris wasn't a vociferous coach, so it was easy for Ayala to chime in when he thought that he had an opening. But no one responded to or respected Ayala's pep talks. You could hear the eyes rolling in people's heads whenever the man opened his mouth.

This might help explain why Ayala has been on three teams in as many years.

OUR LOSS TO THE LOBO SALOON would be the first in a series of demoralizing losses. The following Sunday, again at Dahl Field, the nine-man Fighting Amish beat us 16–15 in game one of our doubleheader. T.J. as pitcher had a fine outing, giving up only one walk, while striking out one. We were ahead 10–9 after the fourth inning, but managed only five more runs—all in the sixth inning— while the Amish chipped away at our lead over the final two innings.

Our second game against the Fighting Amish featured a controversial play by the otherwise upstanding Joe Howe, the Amish team captain (he wasn't really Amish, but he joked that the team made its own bats "in the barn out back"). With the bases loaded and only one out in our half of the second inning, Joe Howe purposely let drop a pop fly to second base, which forced the careless runner on third for the last out (the second out had come via the batter after Blue allegedly yelled, "Infield fly!"). It was an effective but disheartening play from Joe Howe. Still, we helped beat ourselves with lousy defense and untimely hitting. And there were a few lousy calls.

Firstly, I wasn't sure if Blue had really called the infield-fly rule. While on first base, I myself had yelled, "Infield fly!" and so I didn't hear Blue allegedly make the call. This taught me an important lesson almost immediately: when on the base paths, keep your trap shut and let Blue make all the calls; otherwise, if you step on his lines, how are you supposed to argue that Blue didn't make a particular call?

Blue also had allowed a run against us on a close play at home in which the runner did not slide and I, as catcher, tagged him. Blue called him safe, and he and I argued the call. The league's "no-contact" rule states: "If there is a close play at any base or home plate, in addition to the defensive player" (that's me) "not blocking any bag" (I wasn't), "the base runner must slide if he knows it is a close play (this is to be determined by the umpire)." Blue missed the call or was unfamiliar with the rule and determined that the runner didn't have to slide. I would complain later to the commissioner that this rule was vague—"big time"—but to no avail.

Once again, I would have to remove Toepke—this time, after five innings and 11 runs, and in favor of Keith Z., who would pitch two innings and allow 7 runs. We lost that game 18–12. It was Jim Kim, by the way, who had complained loudly and famously from the dugout about Joe Howe's questionable maneuver: "Man, that's so fucking bush-league!"

I agonized over our losses. It can seem that everyone is against Coach, or his lineup or defensive changes, when the team loses. But a good coach has to stand by his decisions, right or wrong, because everyone has an opinion, good or bad. A good coach makes changes for the good of the team, because he feels that they're necessary, not willy-nilly. I wanted to *think* like a good coach, even when we weren't winning. I only hoped that my team sensed that fact and would help me pull us out of our freshly dug rut.

Inning Six:
5 Star Diver Down.

OUR LOSING SLIDE CONTINUED INTO WEEK six. We were again at Dahl Field on Sunday, May 23, for games against two teams that were new to the league, the aforementioned Bad Juju Pork Chops and the Monkey Pub Neighbor Kids.

We didn't know what to make of either of these teams; we hadn't ever played them. Given their reputation for hanging out at the Comet Tavern, my feeling was that the Pork Chops would be too tippled to be a threat. And the Neighbor Kids game I thought would be a cakewalk. The Neighbor Kids were the Monkey Pub's C team, the 86ers being that bar's B team and the Schmidt Pounders their A—or "good"—team.

Going into the sixth inning of the first game, we led the Pork Chops 13–11; but we scored only one run in the top half of the sixth and they answered with five, to beat us 16–14. A couple of their runners reached base in that inning on errors to right-center or right field, where Stan was anchored, while our bats fell silent.

To add injury to insult, Courtney, our second baseman (or, as she put it, "your injury-prone 2nd baseperson"), sprained her ankle upon reaching first base on a single. It looked afterward as if the so-called "Queen of Splints" could be out for as much as two weeks.

But the losing slide ended, thankfully, with a win over the Neighbor Kids. This game saw my first turn in right field, as I switched positions with Stanimal. Like him, I looked as if I hadn't played right field in years; one time, for example, I didn't cover for Keith Z. at first base. Again, we led the entire game, this time 17–5 after the sixth inning. Jim, who had gone 4-for-4 at the plate with a home run, scared the hell out of everyone by making three errors at shortstop in the top of the seventh, allowing the Neighbor Kids to score six times before their second out. They scored twice more as I ripped hair out of my head during a fit in right field, but Jim scooped up a grounder and threw to second to end the game before it got away. We won it 17–13.

Our record stood now at 8–4. My frustration was evident the next day when I sent scores to the commissioner, who would also be collecting the names of players voted by their respective teams to play in the upcoming All-Star game. "My team ain't got any [All Stars]," I wrote. Still, I asked my players to give me their All-Star votes. Stanimal's reply would match my own sense of despair: "Usually there seems to be an obvious choice, but we all suck this year … I vote for Geoffrey, as the best athlete on the team, and Stan (hate to vote for myself, but this is the first year I haven't been injured in some way" (eerily prophetic, Staniel), "and as a longtime Summit player would love to represent; that, and nobody seems to be an All Star this year)."

On May 31, after a week off in honor of Memorial Day, I sent the latest standings to the team, writing: "An interesting note, I think, is the Away vs. Home record. For some reason, when we bat last, we're 5–1; our only home loss was against the Amish. On the other hand, we're .500 when [we bat first]; we have to do something about that, and I think we all know what that is: *crush them at the top of every inning.*"

The next day, I sent Commissioner Mendez our official team roster, as well as my team's All-Star picks. Jim Kim (with a .763 batting average) and Matt Wilkins (.629) were selected hands down, and I recommended Dan Toepke (who had a remarkable seven strikeouts up till then) to pitch for the All Stars. As it turned out, players had no say on the selection of pitchers. The captains of the two All-Star teams—Jake Jewett of the Divers and Jason Schumaker of the "good" Monkey, who had faced each other in the '03 Finals—would themselves pick two pitchers each from their respective divisions.

As Jake would captain our division's All-Star team, and we were supposed to play his team on May 6—the day *after* the All-Star game—and as I had planned to pitch T.J. in the first game of that series, I recommended Toepke to Jake; the last thing I wanted was for Jake to see T.J. pitch. I lucked out when Jake picked Toepke as one of his two pitchers—although it was T.J. for whom the Summit players had voted. (When I gave Toepke the news that he had made the All-Star team, he exclaimed, "Sweet!" Later, I would learn that Jake had thought that T.J. was Toepke when he chose him for the All-Star team.)

Courtney had begun physical therapy on her ankle by then. On June 1, she let me know there was no swelling and she was walking. She also stated that she'd "had a dream about the Divers game. We were playing hard. Tie game. I woke up before it ended." I replied only, "Go back to sleep!" And Stan wrote to respond to my note about our Away vs. Home record: "Ish, we all seem to do much better when I go to the [local] dump before the game." Again, my reply was terse and practical: "Go to the dump!"

In my experience, there's no animal in the sports kingdom more superstitious than the baseball player. Neither are his softball stepchildren immune to the vagaries that are tied to superstition, as Stan's comment evinced. I for one wouldn't wash my uniform all year; it would be clean only one day a year, for the first game of the year, and remain in the hamper till a week or so before the *following* year's first game. Likewise, Courtney would wear the same outfit, down to the underwear, and perform the same morning routine the entire season. Both T.J. and Jim were known to skip over the chalk lines that marked the first- and third-base lines, much like pitchers do in the majors, on the way to the infield. More spiritual rituals like meditation, prayer, or yoga might be pregame demands not out of the ordinary in a player's search for success (or the illusion of success) during a game. Thus, if Stanimal felt it necessary to visit the dump in order for him to hit a seeing-eye single in a crucial at-bat, he had my support. As I joked in my response to him, I myself would help by *taking* a dump. Hell, it couldn't hurt. "Go to the dump!"

ON JUNE 5, THE ALL-STAR Game was held for the first time at Bobby Morris Playfield; it was to be followed by the Core League barbecue at the Twilight Exit bar in the Central District. Only two things stood out for me from the game. One was our own Jim Kim hitting the ball the longest distance anyone could recall in Bobby Morris. But it had started to rain just before Jim's at-bat, so Mike and I decided to visit the nearby Value Village to buy cheap raingear, and so we would miss Jim's drive to deep center. (Oddly, this was the only game in which any Summit player ever got rained on all year.)

The other thing to stand out was Joe Howe of the Fighting Amish approaching me on the sidelines to defend, extol, and even recommend the "bush-league" play that he had made against us, in which he intentionally dropped the ball with the bases loaded in our second game against his team. He even included tips on how to do it best ("Most people aren't familiar with the [infield-fly] rule, so if you can get someone to step off a bag..."). I only grinned blankly at Joe and nodded, thinking, *Thou art full of shit, mine Amish fellow, and thy cup runneth over.*

The league players repaired afterward to the Twilight Exit for hamburgers, hot dogs, and "free" beer (again, there's no such thing in our beer league). I noticed that the players on the 5 Star Divers were the first to leave the barbecue, giving me the impression that they were nervous about or wanted to be well-rested for their games against us the next day.

What nobody knew was that earlier that season I had sat down in secret with a member of the Divers who gave me tips on how to beat his team (for the sake of making the games more interesting, he had said)—how our team could expect to be pitched to, which of their players would hit the ball up the middle or try for the home run, etc. At the Twilight, I passed these tips along to Moritz, who on paper napkins sketched the defensive setup that we would use against the Divers. The sketches detailed how the outfield would be set, who would cover whom, and where our rover would play. I think this marked the first time that we would use a rover on the field.

Several of us then took a cab from the Twilight to the Summit for more drinks, making two stops along the way: first to pick up (literally) two drunk girls from the Garage, including their leader, Cathy Ann McClure, who had decided to lie down on the sidewalk, and then to drop off Suzy at home. I stayed out till last call, then went home, finished off a bottle of Jameson whiskey, and fell into bed at around 3:30 AM.

THE SUMMIT HAD AGREED TO MEET an hour before game time at Ravenna Park, a ballpark that was north of University Village and on the way to Dahl Field. My plan was to lay down our strategy against the Divers. I was so hung over that I felt as if I were dreaming—a result of my aforementioned, self-diagnosed condition. Often near-panicky, I was able to hide my fear long enough to convey to the team what my mole on the Divers had divulged to me: which of his team's hitters could be expected to hit grounders, which would try to go yard, and how our own team could expect to be pitched to—"meatballs," in my man's terminology.

Part of my plan, too, was for us to drive together from Ravenna to Dahl in a sort of convoy, to try to instill fear into our formidable opponent before we even hit the field (think *The Longest Day*).

Little did I imagine my overarching strategy to work as well as it did.

A couple of days earlier, in an e-mail in which he would call me "Putin" for a reason known only to himself, Moritz, who was hobbled by a bad hamstring, had requested to start in the outfield. "I have been stretching my leg, but I don't know how long it will last." Moritz, Blair, Geoffrey, and Mike were to form my impenetrable outfield. I had T.J. on the mound for the first game, while I myself would make up the other end of the battery, behind home plate.

We drew first blood, scoring three quick runs in the top of the first inning, all on Jim's home run. But we trailed the entire game: 5–3 after the first, 6–3 after the second, 9–3 after the third, and 11–3 after the fourth. I thought we still had a chance—I always think we do—and exhorted my teammates to keep their heads in the game. We were down only 14–8 after the fifth inning and 16–10 after the sixth. Then, in the top of the last inning, our bats came to life.

T.J. led off the seventh inning, reaching base and eventually scoring. By the power of the single base hit, Justin, Blair, Geoffrey, Courtney, Doug, Chris, and I (after a double by Moritz) followed T.J. across home plate in an eight-run explosion. After Wilkins reached base safely, the dangerous Jim Kim was walked

136

intentionally with two outs to load the bases for Mike. But Mike, who was another dangerous hitter, would fly out to right-center field to end the inning and the rally. The score was now 18–16 in our favor.

The usually brash but now visibly shaken Divers team was on the ropes. After their leadoff man scored, our defense shut the rest of them down. The game was over. The Summit exploded again—this time, in celebration.

I ran shrieking from behind the plate past a smiling Ayala, ignoring his extended hand, and jumped into the nutty fray of dancing Summit players. Our players were ecstatic—whooping and hollering, picking each other up, and jumping up and down. The Storeroom had been the only one of the older Core League teams that we had never beaten. Also, we became the first team of the season to beat the undefeated 5 Star Divers—and, by extension, Ayala. On other fields at Dahl, I would learn later, various league players heard the celebration and knew exactly what had happened.

Only Jim Kim couldn't understand what the big deal was. "Come on, you guys," he complained, "we still have another game." *But, Jim, you hadn't been with us when the Storeroom not only skunked us, but even shut us out in those long-ago contests. Let us have our fun!* As I had hoped, we had crushed the Divers at the top of an inning. In years to come, that would be our preferred method of operation.

* * * * * *

BEFORE THE SECOND GAME, I APPROACHED the Divers' bench to announce a lineup change (at Wilkins' request, I was switching him with Geoffrey at the cleanup spot), but a stunned, resigned Jake waved me off. "I don't care," he said, with a thousand-yard stare. "Do whatever you want."

We lost that game, 17–12, which was forgettable except for three incidents. Firstly, T.J., who was now on the bench after pitching a great first game, asked, "Ish, do you need me to pitch? Let me know now." He waved an unopened beer in his hand. "No, you're done, buddy," I said, and T.J. cracked open the can. He had done a great job and deserved a break. But Toepke was on his way to racking up a season-high eight walks as the Divers bench razzed him, and some of my players recommended that I replace him. My other starting pitcher, Keith Z., being out of town, I turned to T.J. to see if he would go back in. But he looked at me and shook his head with a mouthful of Rainier. I had to explain to my players that I had given T.J. my word that he could rest—at the expense of another potential victory.

My decision riled some—the admirably competitive Geoffrey, for one—especially because we ended up losing. "Man, I have a serious problem with that last game, Ishy," Geoffrey admitted later on the phone when I called him after someone had said to me, "Geoffrey's pissed!" He continued: "If we lost because of the walks… How many were there, anyway?" There had been eight altogether. "See, and we lost by five runs, man."

I conceded the point that those runs might in fact have come from the walks, but again I had to stick to my guns, reminding Geoffrey that I had told T.J. that he wouldn't have to pitch, and long before Toepke had gotten into trouble on the mound. Also, T.J. had intimated to me that he would be unavailable as soon as he opened his beer; Keith Z. was out; and, if I remember correctly, no one else had volunteered to pitch. So, I had little choice. Still, I appreciated Geoffrey's honest sentiment; it showed me that he gave a damn about our team.

A second incident in the game was a verbal spat that I got into with the Divers' third-base coach. In response to the Divers' bench continuing to taunt Toepke on the mound, I said, "Twelve and one, baby," referring to the Divers' newly blemished record. The third-base coach heard me and took offense.

"Ho-*ho*, I *know* you ain't talkin' shit," he said, coming over. "What's *your* record again?"

Doing some quick math, I sheepishly replied, "Nine and four (I believe)."

"That's what I *thought* you said."

The final incident was the Big Tree—Justin—finally hitting his first home run of the season on his way to a 3-for-3 performance. Nobody else hit as well as he did in that second game. Myself, I struck out looking—the last time that I've done that.

My only real regret? Having stayed out all night drinking before a big game. If I hadn't been so bleary-eyed, I might have made what promised to be the finest play of my career. In the first game, Blair fired a cannon shot from center field while two runners rounded third base on each others' heels. Had I caught the throw—which came in on a beautiful arc that I misjudged—I could've tagged out both runners in a bang-bang, two-out play to end the Divers' threat. I recall muttering, "Oh, shit; oh, shit," as I stared at the ball coming in on a hop and skipping between my legs on its way to the backstop, while both runners crossed the plate safely. As it was, I would erase those two runs later by driving in two of my own with a single.

The rest of the afternoon was a big blue blur. At the Summit, I turned into "Ish-zilla," which involved mostly stalking and stomping around the bar while roaring like the Japanese lizard-monster. While jumping on and off kegs of beer and beating my chest (was I now King Kong?), I accidentally knocked a large painting off the wall; and, because I was too short to put it up again, one of the taller bartenders had to do it.

And then someone had a bright idea. A phone book was produced, and the number in Greenwood to the Kort Haus Tavern—sponsors of the Divers—was dialed:

Ring!

"Kort Haus here."

"SUMMIT!!!"

Click!

It was hilarious.

Unfortunately, I also turned into Mr. Hyde that night, after my teammates had gone home. Still high from my victory on the field, as well as from beer after beer after Irish whiskey after beer, I apparently terrorized several innocents playing pool—slapping the boys on the ass and trying to kiss the girls on the face. I would learn later that I was creeping people out. That's what alcohol and false confidence will do to you—anyway, to me.

Divers pitcher Dave Ranstrom, known as "Duct Tape" after a band in which he had once played, eventually stopped by the Summit—to both congratulate our team and pay me the dollar that he had bet me before the start of the season. I had bet him that we would win at least one of our two games. Jeez, was that the hardest dollar that I ever earned. (The reader will please not tell the commissioner about my bet, or I'll be banned from the game for life and be ineligible for the Beer-League Softball Hall of Fame.)

Ayala also made an appearance. He was booed lustily—even by people who didn't know who he was—making his wan face suddenly blush. He wanted to congratulate us, too, and buy a round of shots. Only one or two more of the Divers would stop in, and the remaining "Divas" (as K.D. Schill took to calling them) either were too proud to come by or had gone home to lick their wounds. In any case, our team had done the near-impossible against a historically monster squad and was looking forward to surprising them in the playoffs, too. All we had to do now was get there. And I had a good feeling now that we would.

Inning Seven:
June 20, 2004: A Date Which Will Live in Blasphemy.

THE SUMMIT PLAYED TWO UNREMARKABLE GAMES on Saturday, June 12, at Dahl Field, and against two of the new teams: Dante's Devils (formerly the Mainliners), who nearly forfeited their game, and the friendly but hapless Twilight Exit. Dante's ended up having to recruit a girl in flip-flops—known only as "Girl" in the scorebook—to complete their minimum nine-man lineup and avoid the forfeit; we still beat them 26–6. Then we shut-out the Twilight, led by Twilight bartender Adam Heimstadt, 20–0 in five innings, allowing only five hits. Our record now stood at 11–5.

They might have been unremarkable, but the games marked a milestone in the history of the Summit softball team. At 11–5, we already had surpassed our previous best record of 11–7, which we had attained in our first-ever winning season of 2003, when we beat the Monkey Pub Schmidt Pounders for the first time—and in dramatic, bottom-of-the-seventh fashion. (I refer the reader to Matt Wilkins' two-minute filmic masterpiece, *The Greatest Day of My Kick-Ass Life*, now playing at a computer near you.)

The following Thursday, June 17, I finally got my head shrunk in the first of what would become semimonthly appointments with my psychotherapist—my "Thursdays with Melfi." Afterward, "Melfi" wrote me up a prescription for an antidepressant—a selective serotonin re-uptake inhibitor (SSRI) known as fluoxetine, or generic Prozac. (By the way, I told Melfi that I would refer to her as such if I ever wrote about this, and she seemed OK with that.)

ON SUNDAY, JUNE 20, WE LOST a heartbreaker to the aforementioned Monkey Pub Schmidt Pounders before playing an ugly game against the Blaspherions, again at Dahl. In the first game, which we lost 22–14, we gave up the lead in the third inning and proceeded to go scoreless in the last two.

Of singular note in this game was the rundown, between Moritz at third base and me at home, of "good Monkey" good-guy Guy Allen, he of the best team of the three that the Monkey Pub sponsored. Guy would complain—both facially and verbally—that Moritz had obstructed the path back to third (which he had). You're not supposed to do that as a defensive player, but Blue must have missed the obstruction, because he said that Guy, the Monkey in the middle, was out after Moritz applied the tag.

We managed only nine runs in the next game, which was against our most hated rival, the Blaspherions. The reader might recall

Moritz having broken his wrist while playing against this team. In yet another match-up, which they were videotaping, their players had begun packing up their gear in the final innings of what seemed like a Blaspherions victory, when we surprised them with a 10-run seventh inning and stole the game. In that one, Big Tree, while coaching third base, had pointed into their camera and predicted, "We're gonna *take* this one, baby!" (The Blaspherions probably destroyed that tape, if it didn't self-destruct.)

In still another game, "Space Mantis" Doug Trotter had gotten into a smack-talking bout from the bleachers with one of the Blaspherions, and this was while they were losing to another team altogether.

All signs pointed toward an outburst of ill will in today's game.

Our hecklers, in the meantime, were in fine form. Drinking heavily on a very hot day, Sarah Adair and our other fans in the stands really laid into the Blaspherions, and not just for their uniforms (they might be the only team that to a man doesn't wear sleeves, their jerseys ending at the shoulder), but also for their uber-competitive style of play and general attitude. Suzy commented, "I don't see any girls in *your* stands! Maybe that's why you're *so tense!*"

After flying out, one of their players—a black gentleman from West Virginia with his own interesting accent—ran past our bleachers on the way back to his own dugout, telling our girls to watch their mouths, then mocking H's English accent, before referring to her as "Powder," apparently after the 1995 movie of the same name about an albino kid with preternatural powers. H, who didn't immediately get the filmic reference, had to ask another heckler, "Is he referring to my skin color?" When she learned that he was, H said, "More power to him!"

But it was Sarah Adair who was punishing the Blaspherions the most with her incessant cry of, "Strike, strike, strike 'im *out!*" Frankly, she was getting on my nerves, too. In the fifth inning, all the elements finally boiled over.

With two outs, the Blaspherion with whom Doug had gotten into a spat in a previous year tried to score, but was thrown out at the plate. After Stan tagged him and Blue called him out to end the inning, and with our hecklers whooping it up in the stands, the runner—a thin, bespectacled little thing resembling a matchstick in white, pinstriped baseball pants—suddenly leapt up and erupted toward the stands. He called the girls "fat fucking whores" and unleashed a torrent of obscenities that ended when he threw an aluminum bat at the fenced portion of the backstop, behind which the girls and our other fans were sitting.

The benches cleared. Moritz and other players rushed the bankish offender. "Say it again," Moritz challenged the matchstick of a man, who suddenly lost his voice. I stormed over to remind Jeff Rodgers, the Blaspherions' captain, that all the team captains, himself included, had voted to allow razzing in games. Just because his team didn't have any fans and everyone hated them shouldn't mean that our hecklers were in the wrong. I suggested to Jeff that he rein in his hotheaded player. His response—"Come on, this is ridiculous!"—implied that our fans were doing too good a job of sticking it to his players.

(From The *American Heritage Dictionary*, Second College Edition: "**razz** (răz) *tr. v. Slang.* To deride, heckle, or tease. [Shortening and alteration of RASPBERRY.]")

The game, which the Blaspherions won anyway, 19–9, progressed normally after both teams had calmed down and I'd had a little talk with the hecklers—including first-time heckler Jeff Lattner, whose giant cityscape I as Ish-zilla had knocked off the Summit wall earlier in the year, and who wanted a piece of the offending Blaspherion. After the game, Suzy herself approached Mr. Matchstick to request an apology, but he was still seething. His teammates had to lead him away from this obviously dangerous 36-year-old housewife while whispering to him, "It's all right, dude, let it go…."

In a show of goodwill, I chatted with the Blaspherions' scorekeeper, who several years earlier had lined a triple off my shin on one bounce—while I was in right field. He thought that '04 might be his final year with this reportedly church-based team (they didn't drink, so maybe *that* was their problem). After our chat, I went to Sarah and chided her for her behavior, debating with myself whether to allow her at any more of our games—a useless conceit, as she was Toepke's girlfriend and only a victim of a little too much sun and way too much wine.

Keith Z., looking to empty a cooler full of ice water and guessing correctly that I might have been a bit hot under the collar, dumped its bone-chilling contents on my head. What a guy.

I eventually learned that other Blaspherions had approached our fans after the game. "Man, don't ever stop heckling," they said, to their credit. "It's part of the game."

"And what a game!" one of our fans said.

Two years later, Stanimal, who had caught that particular game, would tell me that he had suffered an injury on that play at the plate. The bankish Blaspherion apparently slid in hard to avoid a tag and kicked one of Stan's fingernails out of place. The nail somehow managed to hang on, as did Stan, who never lost the nail or the ball.

I gave Commissioner Mendez details of the dustup in an e-mail that I never sent. But when I confronted him about it later, he said that his rule making a player who "attacks anyone with an object … automatically thrown out of the game *and* ejected from the league for *life*" did not apply in this case. It was just as well; as it turned out, we were never to play (or Bronx-cheer) the Blaspherions again.

*   *   *   *   *

THINGS REVERTED TO THEIR NORMAL WAYS on June 26, when we
returned to Bobby Morris for a doubleheader against the Monkey
Pub 86ers. In the first game—another five-hit, 20–0 affair—I was
injured again while trying (successfully, I might add) to stretch a
single into a double. This time, I banged up my knee but good
when I tried in mid-slide to avoid the throw from 86ers leader and
right-fielder Anthony Rewerts, which I thought was coming for my
head. I ended up crashing my left knee into the ground and missing
the bag, but the 86ers' second baseman took pity on me; she let me
crawl safely into second. Chris laughed and yelled from the dugout,
"Holy shit, his glasses stayed on!" T.J. pitched another fine game,
and one in which he had started an inning-ending 1–6–3 double
play.

Geoffrey almost was a no-show; our leadoff hitter, he was
supposedly en route to the game, but headed toward the wrong
field. Courtney got him on the phone to reorient him, Blue tapping
his wrist the whole time. "Batter up!" he said, while I tried to stall
coach Anthony, an easygoing guy whose team I knew would be in
no hurry to get its collective butt spanked.

Geoffrey finally roared up in his truck, tumbled out of the cab,
and ran over to our dugout while trying simultaneously to stretch,
tie his shoes, and button his jersey. He trotted up to the batter's box

still working on his buttons, tying the laces on his cleats between pitches. He eventually put himself together in the dugout after roping a double and scoring on a follow-up home run by Keith Z.—who, by the way, went a double short of hitting for the cycle in *each* of the day's games.

This first game also featured Geoffrey's first at-bat from the left side of the plate, in which he hit a triple. Before switching sides at the plate in his next at-bat, Geoffrey approached me with an important question:

"Hey, Ishy, if I bat lefty, does that affect my average, or do I have to start from scratch?"

"Nah," I said, "it all goes into the same average, unless you want to start a separate one from just the left side."

"Huh," Geoffrey mused. "Let me think about that."

In the second game, I nearly beheaded an "in-play" Japanese baseball player on the opposite field with a line-drive single. (Remember, we shared Bobby Morris with all kinds of ballplayers.) That guy literally wouldn't have known what hit him. While at first base, resting my hands on my knees, I felt some extra padding under my left hand. I asked myself, *When did you put on your kneepad?* Then I remembered that I didn't own a kneepad, so I raised the pant leg to find the knee looking like a middle-aged woman's flabby arm—this, from my crappy slide earlier. Immediately after scoring, I took myself out of the game to ice the swollen knee, prompting Jim Kim to volunteer to debut behind the plate as catcher. We won the second game 22–2 in six innings.

Coincidentally, two days earlier, both Matts—Wilkins and Moritz—had suggested that I alter the makeup of the infield; they were looking ahead to the playoffs and thought that Blair had displayed better range at shortstop than in the outfield, and Jim might make an exceptional third baseman. It was a drastic change to consider but, as Wilkins put it, "[Blair] was a college infielder, for Chrissakes, and should be in there." Moritz concurred that this would be a necessary change, "if we [wanted] to advance any farther than the first round."

Prior to our final games of the season, the team got three pieces of news—one good, one bad, and one ugly. The good news: We already had made the playoffs. The bad news: We still would have to win our last two games, because the next-best team, which we would face in those last two games, was hot on our heels for a better playoff spot. And the ugly news: Stan, while watching the previous week's contests between the Lobo and the Divers at Bobby Morris Playfield with Keith Z., had broken his goddamned ankle and would be out for the rest of the season. Leave it to none other than Stanimal to injure himself while in the stands *watching* a softball game. I would have to anchor the plate by myself in the big games to come. As Frank Bednash often said, Perfect. But then it's like Yogi said, too: "If the world were perfect, it wouldn't be." Or maybe Stan said that.

THE LEAGUE HAD A WEEK OFF to celebrate Independence Day, after which the Summit would close its regular season on Sunday, July 11. Again, we would play a doubleheader on home turf, Bobby Morris Playfield—this time, against another of the new teams, Balls Deep of the Fremont Dock.

I'd had another visit with "Dr. Melfi" on Thursday, July 1. My shrink was concerned about my drinking, as was I. But I admitted that my greater concern was that I wasn't writing. My goal, then, was to write about my drinking, maybe as a form of catharsis. But this could prove difficult, given that I liked to write while I drank. Still, the aim of my goal was self-discovery—not drunkenness or poor writing, full of hubris.

After that visit, I would see my shrink again on July 15 and 29, August 19 and 26, and September 2, 16, and 30. Did these visits help? Well, we delved into the facts that I hated my job (duh) and that I drank too much (double-duh). Now, did I drink so much because I hated my job? (Hmm.) Or did I hate my job anyway, then drank so much that I called in sick often enough to try to get fired from said job? (Double-hmm.) One thing seemed certain: My drinking was affecting my condition. But I also believed that my condition led to my drinking, which in turned affected my condition—the Catch-22 that I mentioned earlier. Regardless, I believed that the visits helped. Plus, they were being subsidized by my work benefits. So, what did I have to lose?

THE SUMMIT WAS NOW 13–7 and tied with Balls Deep for third place—after the 5 Stars Divers and Fighting Amish. My personal goal was to win both games against Balls Deep—with Jim at third base and Blair at shortstop—and use that momentum to help take two of three games from the second-place Amish in the playoffs, thereby advancing to the Divisional Series against the Divers, with whom we had split a memorable series earlier in the season. I just wanted the team to advance past the first round—something the Summit had never done in its short history. But, whatever happened, we were guaranteed a spot in next week's playoffs.

Not having Stan available to catch made me grateful that I had as many people on the team as I had. While other teams play games, divisions, and even championships with 10 or 11 guys, I never questioned the wisdom of having 15 or more players on my team. Injuries happen; just ask Courtney, Mike, Moritz, Doug, or Stan. Or a player might forget the game time or field, get lost on the way to the game, or be on a pre-approved vacation. It's a 22-game season, for crying out loud, and anything can happen. The last thing a coach wants to do is forfeit a game and give his opponent an automatic 20 runs—plus the win—because he's short a player.

Exactly what Balls Deep did in their first scheduled game against us.

The Balls Deep manager, Mark Clement, approached me before our first game to say that one of his players was late (this would be neither the first nor the last time his team would have this problem) and to ask if I would mind waiting a bit. Blue, an umpire we had never seen before, was finishing a breakfast burrito and had no other games to umpire that day, so I agreed to wait. But after a while, Blue called the game and handed us the win, 20–0, by forfeit. It was now up to us to complete the season-ending sweep.

There was a debate between my players and me over whether or not to hold a scrimmage against Balls Deep (Mark Clement had brought up the idea) while we waited to play the second scheduled game, which we couldn't start till it was officially time for that game to start, 90 minutes later. Blair for one said he could go either way.

"Man," he sighed, "I don't care what we do, I just wanna go out next week and show those other guys something."

Myself, I figured if one of my players got hurt in an insignificant and unnecessary practice game a week before the playoffs, I wouldn't be able to sleep at night. I decided to keep the team on the bench till the second game's scheduled start.

That game turned out to be a whipping, and Balls Deep took it 18–7. In the fourth inning, they scored all five of their runs without making an out, whereas we wouldn't score our first two runs till the bottom of the fourth. With our 10 fly outs, it was obvious we were pressing, or cold from sitting on the bench for so long. Still, at 14–8, the Summit would retain hold of third place and live to face the Fighting Amish the following Saturday in the Wild Card Series of the playoffs.

The next day, I called in sick again to have the ER staff at Swedish take a look at my banged-up knee. By now, my entire left shin was a ghastly looking purple-red. The ER report stated I had a "deep bruise (contusion) … the result of trauma and bleeding in the injured area," as well as a hematoma ("a collection of blood in the deep tissues") and neuropraxia, or numbness. I asked the doctor if he thought the hematoma should be drained, but he advised against it, saying it might become infected if it were drained; plus the hematoma would go away naturally, probably in a few weeks. After a couple of x-rays, I got my doctor's note for the folks at work and went home.

And the next day I sent the team the official playoff schedule by e-mail. Were we to advance past the first round, we would play at

Bobby Morris on Sunday. If the bagpiper showed up and we brought our A game, I thought we would have a good shot to make the finals.

"This is our year, kids," I wrote in my e-mail, "so believe it." There, I had said it. Superstitions be damned!

Extra Innings:
Amish and Divers and Beers—Oh, My!

MIKE WOLFSON'S TEAM, THE LOBO SALUNATICS, had played the Fighting Amish in late April. At the Summit, some time after we had played the Lobo, Mike Wolfson came over to offer me managerial advice. Wolfson is a schoolteacher (and thus one of the more learned fellows in the league) as well as a big Gentle Ben, a soft-spoken type, and had coached his team for a couple of years. He was dating Courtney at the time, having asked her out the previous year after a game in which she'd hit a groundball to him at shortstop that skipped up and split open the skin under his eye. Courtney wasn't usually that in-your-face.

Anyway, Wolfson told me that I should be proud of the job that I was doing as coach; however, he suggested, I could afford to be both more authoritative with and protective of the team—authoritative when I had made a call that I felt I should stand by, and protective vis-à-vis other coaches and umpires. I agreed. In fact, I had tried my best to represent the team or intervene (as any self-respecting coach should) in instances when my players wanted to argue with Blue or get into it with the opposing team's manager or players.

Wolfson also warned me that the Amish were planning to take the bat away from both Jim and Big Tree, two of my most dangerous hitters, by either walking them or pitching them junk. Together with the fact that the Amish had owned us in previous years, as well as Joe Howe's "bush-league" play, it would help solidify my idea that this was the year in which karma would come calling for the Amish.

The Wild Card Series was a best-of-three affair. Our team hoped to win the series in two games, so that we wouldn't tire ourselves out for the next day's Divisional Series. See, we had learned that the fourth-place team, Balls Deep, had forfeited their Wild Card games and as a result their opponent, the first-place 5 Star Divers, would waltz automatically into the Divisional Series against the winner of the Summit-Amish series. The Divers therefore would be well-rested. As it turned out, our own series went three games anyway.

Moritz and Geoffrey had gotten together before this series and drawn up a new-and-improved lineup. They accosted me in the bar one night; they had been drinking and were quite excited about something. Moritz whipped out a tiny piece of beer-stained paper. On one side of the paper, the names of all our players had been crossed out in a column on the right and rewritten on the left. On the other side of the paper, the fielders' names dotted a drawing of a diamond on which Blair played short and Jim played third. There were even suggestions for base coaches. Geoffrey and Moritz literally had covered all the bases. They jabbered emotionally and simultaneously, while pointing out what made this lineup particularly effective—specifically, that a constant flow of good hitters and runners would be able to get on, after which a strong current of proven RBI hitters would be able to bring them home. In an alcohol-induced way, it all made perfect sense. This was the lineup that I would end up using in the playoffs.

By game day (and Suzy's birthday), Saturday, July 17, I had suffered my third and final "softball-related" injury—this time, a sprain of the left thumb from having taken a tumble after a visit with Mike Leonard to Clever Dunne's Irish House on Capitol Hill. It was getting increasingly tougher for me to put on and take off my mitt repeatedly without feeling a shooting pain in my thumb. But with Stanimal out and in a cast, my options for a playoff-tested catcher consisted of only me.

Our first game was a walkover of the Fighting Amish. After tying us 1–1 in the first inning, Joe Howe's crew wouldn't score another run till the fifth. Not that they didn't try; there were a number of plays at the plate—plays in which I would tag out the runner in the chest or on the ankle, or with the runner coming straight in or trying to slide underneath the tag. Blair made some of these plays especially breathtaking by holding on to the ball after a groundout till the last possible moment, then unloading a missile to home with fractions of a second to spare. (Blair also had an interesting experience on the base paths, not sliding into second base on a close play and breaking up the potential double play. I had a nice chat with Joe about that, explaining that Blair was new to the league and didn't know he had to slide and couldn't put his arms up to block the throw to first.) Although my thumb was killing me, I was able to hold on to the ball for an out in every occasion but one, when the runner managed to knock it out of my glove. We won the first game 16–4.

Singles and doubles—not homers—helped us to win that game, not to mention disheartening the Amish by getting six hits for four runs in the top of the seventh and shutting them out in the bottom of that inning. Also, T.J. pitched one hell of a game; the Amish just couldn't touch his stuff. Jeff Ross, the perennial pitcher on that team and a real *mensch*, as well as one of my tag-out victims, asked me if I had spiked my Wheaties that morning. I joked that I'd had "that other breakfast of champions: 'little chocolate doughnuts'."

I thought that we could wrap up the series in two games— especially now, with one win notched and momentum in our favor—so I had T.J. pitch the second game, assuring Toepke that he would pitch the third one, if it came to that. (Incidentally,

Toepke would hit five straight singles by the end of game two and seven altogether in eight at-bats in the series—an astonishing performance.)

We were the home team in the second game; I had wondered if that fact would affect our play in any way. Whether it did or not, we managed only three runs over seven innings, while the Amish pushed through only five of their own to beat us 5–3. Jim had been playing through some back pain in the first game, so he opted to sit out the second game. We certainly could've used his big stick. Still, this game seemed dedicated to defense on both sides. Each team had suffered five scoreless innings. So far, Geoffrey and Blair had hit the only long flies for either team—Blair with two.

I put in Toepke to pitch the last game. In addition to wanting to keep my word and have a restless Toepke see some playoff action, I imagined that T.J. must be tired, and I wanted to give the Amish a new look. We led off strong in the top of the first inning, scoring four runs, which the Amish answered with three. By the end of the third, we had made it 8–3. But in the bottom of the fourth, the Amish touched Toepke for five runs, closing the score to 9–8.

I had already told myself that if any of my pitchers got into hot water, I wouldn't hesitate to replace him. Also, Jim—who was playing again, having witnessed our poor offense in the second game—was whispering pitching changes into my ear. Much to the noticeable chagrin of the Amish, I reinserted T.J. into the game in the bottom of the fifth inning after we had scored three more runs to make it 12–8.

Over the three innings that he pitched, T.J. gave up only one run; the Amish just couldn't hit him. We won the final game 12–9 and took the series 2–1. We were elated! This marked the first time that our team had advanced past the first round of the playoffs. We celebrated on the field, while across on another diamond at Dahl, Richie D's Unicorns held their own celebration, having beat up on the second-place Blaspherions to knock that team out of the running. (The third-place team in each division was advancing to the Divisional Series! To quote Mel Allen, "How about that?") It would be the last game for the Blaspherions; their team would fold before the following season.

During our second game, against the Amish, 5 Star Divers coach Jake Jewett and a teammate of his had sat behind the backstop while I caught. They watched as I grabbed a throw from the outside of the plate and swung around to tag the runner out on the other side. "Check out Danny Wilson!" Jake said. I slapped the dust off the front of my jersey and pointed to the number 6 on the back, which number I shared with the Mariners catcher, as well as Yankees skipper (and ex-catcher) Joe Torre. Then, Jake—who, years earlier, got hammered with then-coach Chris Ford and me at the Summit and implored us to let him join our team, or at least let his team have the Summit-loyal Big Tree—asked no one in particular and almost smugly, "How's it possible to have a softball score of only 5–3?" He'd have to wait just one day to find out.

After the series, Toepke emptied a bucketful of ice water on my back, which made me look as if I had soiled my pants. Then, Joe Howe came over to congratulate me. He knew that his team had been outmatched; for crying out loud, we outscored them 31–18! There was a new kid on the block; our team had arrived. We had earned the respect of not only the Fighting Amish but also other teams who recalled us handing the 5 Star Divers their first loss of the season. If other players didn't want to join our team, I knew that at least they wanted to test themselves against us—especially in the playoffs, for all the marbles. The Amish had had their chance. Now it would be the Divers' turn.

THE LOGIC BEHIND MORITZ TAKING EIGHT OR MORE Advil before a game was as impeccable as his lineup: "Some ol' broad more than twice my age can take four o' these," he'd warble with a mouthful of pills, "I'm half 'er age, so I should 'ave eight." At least he'd be pain-free for the Divisional Series, held on Sunday, July 18. We met our foe at Bobby Morris—home turf. This time, we would have to do without the big bat of Big Tree, who was out of town for the series and who, you might recall, had hit his first round-tripper in June in a 3-for-3 effort against the Divers. (To this day, the Tree kicks himself for having missed the Divisional Series.)

We took our game plan from the playbook of the previous Divers series: Keep the outfield deep and fast, shift your rover with every batter, hit the ball on the ground. To this, we would add: Walk Jake Jewett at every possible opportunity. The reader might recall Jake having used a nearly fatal bat early in the season. Myself, I remembered a late-April e-mail from Unicorns manager Grant Kauno: "The bat is definitely juiced, almost all of the 5 Star Divers use it, and they hit more than 7 HRs against the Monkey [Pub]. Jake hit some to right-center that went unusually far for him even."

The intentional walks handed to Jake would pay off, but not much. In our first game, T.J. and the rest of the defense played exceptionally well. We led off the first inning with three runs and held a 3–1 lead till the bottom of the fifth, when the Divers countered with two runs to tie the game. But the bats on both sides—especially the dangerous Jake's, who flied out and walked twice—would remain quiet till the bottom of the seventh inning. Our half of that inning went three up, three down—including a strikeout of Chris.

With Divers on second and third and one out in the bottom of the seventh (or last) inning, and the scored tied 3–3, I shifted to the

164

outside part of the plate and had T.J. pitch to me there; in previous at-bats, the lefty hitter now at the plate had shown that he couldn't reach that spot. But in a fateful fusion of arc, rotation, and wind, the ball came in over the right side of the plate; and the batter took one step back before meeting the ball with the sweet part of the bat and pulling it through right field and over the row of low hedges that served as the outfield's frontier. (To this day, Wilkins, although nimble as an ape, is still hunting down that ball.) The runner on third scored, the Divers took the first game 4–3, and Jake Jewett got an illustrated answer to his question from the previous day.

That game featured another turn for me in right field. With two outs and two men on in the bottom of the sixth, the Divers' number-two man hit a shot to deep right-center. Mike was almost there, but—as I was to find out later—so was half the Japanese league's farm system, apparently. I knew Mike was going to have trouble making the catch; the heart and glove were willing, but the knees were weak. I could hear him mutter, "Oh, shit!" repeatedly as I drifted from my position to where I thought the ball was. (It was up there for quite some time, lost in the overcast.) At the last moment, I yelled, "I got it!" and the ball landed in my glove. From my position, T.J. looked like a flea, jumping up and down on the mound as I trotted back to the dugout with Mike, who told me that I had made the catch while in traffic. "You almost ran into Ichiro back there," he joked. But I never saw the guy he meant, who of course would've been technically in play.

I decided to have T.J. pitch the second game; if his performance was anything like it was in the first game, we would have a good shot at tying the series. This time, we would be the home team. Again, I asked myself, Will this affect us in any way? And, again, Jim would join the lineup and play through pain, having sat through another dismal offensive display on the part of his teammates.

The Divers led off the top of the first inning with seven straight hits, with which they took an impressive 5–0 lead (so much for my pitching strategy). By the bottom of the fourth, they were up 10–1. Then, after the Divers had scored three more runs in the top of the fifth, we hit single after single to score five runs in our half of that inning to make the score 13–6. The Divers would go the rest of the game without scoring, while we would notch two more runs in the bottom of the sixth to make it 13–8. Unfortunately, that would be the end of the scoring. And the 5 Star Divers once again would advance to the Championship Series.

(Storming into the dugout after one frustrating inning in the field, Courtney had thrown down her mitt. "Apparently, I can't catch the ball today," she fumed. Before I could offer her any coach-y advice, one of the many park hoboes indigenous to Bobby Morris meandered over to give her a few tips from the other side of the dugout fence. "'Ey, *girly*, yer problem is yer not keepin' yer head on the ball, ya gotta…,'" etc. Again, before I could open my mouth, Courtney spun toward the *Hobo sapiens* and said, over her shoulder and oh-so-politely, "Please go away." And he did. So much for Court not being in-your-face.)

To my surprise, the Divers didn't leave the field yelling and hollering after beating us, as they had done in previous playoffs. Instead, they somehow quietly congratulated themselves, and our two teams exchanged high-fives. Maybe they knew that they had been fairly tested. The Summit, meanwhile, sat and relaxed on the grass. I looked around and couldn't find a long face. I think we all knew that we had done a job about which we could be proud. And I think we knew that this was the farthest that we had ever come, but not the farthest that we could go. With this particular collection of 14 boys and 1 girl, the sky's the limit. "Summit," after all, meant "the highest degree of achievement."

Toepke must have read my mind. He asked, "Who's going to the Summit?" I'll meet you there, buddy.

"IF YOU'D BEEN ON MY TEAM," I told Jake at the bar later, "your guys would've done the same thing." Jake thought that our strategy of walking him intentionally was, as he put it, "bullshit." Even so, he seemed to be enjoying the celebration at the Summit, which featured the entire Divers and Summit rosters (without the Big Tree, of course) and quite a number of pitchers—of beer, that is. It was the most crowded that I had ever seen it in that bar, and, it being July, the heat was stifling; there was no room for anyone or anything (like the air) to move. The two teams, as well as significant others and fans, all toasted one another while standing and sitting around—and even on—the pool table.

The noise was as heavy and smothering as the air. Occasionally, I could make out the Michigan squawk of Moritz or the staccato guffaw of Wilkins, but otherwise the sound was more like that of the bleachers in the eighth inning, when the fans of the losing home team have stopped paying attention to the game and begun a mad dash for final beers. In addition to players, their girlfriends, and their fans, the mob consisted of bicycle couriers and other followers of the Tour de France, which was being televised at the pub. Many of these couriers knew players on the Divers team, which itself contained a number of professional messengers, Jake among them.

There were several firsts (and lasts) at this celebration. It'd be our team's last after-game get-together at the Summit Pub that season. And it was the first time that I had slapped Courtney on the buttocks, albeit in congratulations. As a *latino*, I am a notorious hugger, toucher, and kisser, as well as a hand-shaker, back-patter, and ass-slapper; but Courtney's backside was the only one that I had never laid a hand on all season. On this occasion, she kindly waived the exemption, and I enthusiastically complied.

In a turn of poetic justice, Ayala had his jersey stolen by K.D. Actually, Ayala had asked to swap tops with K.D., who told me that it was only so that Ayala could see her in her bra. Myself, I was focusing on K.D.'s own backside; it was the first time ever that I had seen her in long pants. Because her jeans were orange-red, I commented to her that her ass reminded me of a glorious sunset.

The very self-possessed Blair at one point was accosted by Susan Key, a Southern doll and a newer fan of the Summit team, who wanted to commend Blair on his fine play, as well as his fine physique.

"Truss me, honey, ah don't wanna fuck you," she assured poor, cornered Blair, while over her shoulder I mouthed the words, Oh yes she does.

Blair put his hand on his chest and smiled grandly. "That's cool," he said.

And Duct Tape, pitcher of the 5 Star Divers, came by again to collect on yet another wager. He had bet Stan (who was there in his newly autographed foot cast) on the outcome of our season. Because we had lost, Stanimal had to pay Duct Tape $100—a small price to pay, I think, for an invaluable year.

Postgame:
"Vita Breve, Beve Forte"; or, "Life, What a Sport!"

THE SUNSET TAVERN HOSTED THE CORE League season-ending party on Sunday, July 25, 2004. "Anyone wearing a current Core League uniform gets one dollar pints of Miller High Life all night," stated the very tempting invitation from Joe Howe, who managed the Sunset. None of the Summit players attended the party, although K.D. went (why, I'll never know).

Earlier that day, Richie D's Unicorns, who had advanced to the Championship Series after sweeping the defending-champion Monkey Pub Schmidt Pounders, had tied the Kort Haus 5 Star Divers in the best-of-three series, before getting their butts kicked (as Stan put it, who was there trying not to break his other foot) in the third game. The Divers won the whole thing and—as it turned out—without the help of Ayala, who was away in Iowa.

I was still irked over the fact that the Divers hadn't had to play a Wild Card Series to advance to the Divisional Series, after Balls Deep had forfeited. The Divers had had to play only two games that weekend, whereas we'd had to play three exhausting games against the Amish, before meeting the Divers for two more the very next day. The world will never know what the outcome would've been had the Divers faced Balls Deep (and had Big Tree played against the Divers). A year later, at my behest, the team captains would vote to change the League rules to correct this rare and unfortunate discrepancy.

Our team held its own celebration with the traditional end-of-the-season barbecue at Courtney's house on Saturday, August 14. It was the third meat-tastic gathering at Courtney's in our team's five-year history. Although our barbecues were mostly closed affairs, Guy Allen and his wife, Amy, were there. As I wrote earlier, this Guy is a good guy, as well as a friend of the Summit, and Amy could regularly be found in the stands rooting for our team—when she wasn't rooting for her husband's, of course.

Sam Munguía, the Summit Pub's new owner, had offered to provide a free keg of beer in appreciation of our team's season-long patronage. Our first choice was Stella Artois, although Mike and I had told Sam we all drank Pabst (which was much cheaper) and would very happily take a keg of that. Deliveries being late that week, Sam couldn't guarantee that he'd have a keg of Stella for our party, so it appeared that we would get the Pabst after all. The night before the party, however, Sam was able to secure a keg of Stella for Mike, who took it home in his truck. But the keg came with a tap that didn't fit. Sam came to our party the next day to see if he could work the tap, then decided to drive to Ballard to try to find one that would fit. Meanwhile, Jim Kim's girlfriend Anna somehow finagled a fix by using a nut from Courtney's lawnmower. The Stella keg finally tapped, the smells of marinated meats wafting in the air, the Summit got down to having a good time.

Usually, the Summit held an awards ceremony at the annual barbecue. K.D. and Courtney would have gotten together with various members of the team before then and come up with award ideas for individual players—based on incredible, unusual, or embarrassing things that happened to these players over the course of the season. As an example, my first award, "Greatest Injustice," came in '02 when in one game, thinking that I had been called out at first base, I proceeded to walk into our dugout, only to find out that I had *not* been called out on the play. Because I had walked into the dugout, however, I had to be called out officially. I couldn't figure out why my teammates kept pushing me toward the field, yelling, "Get back, you idiot!"

(If I could've awarded one prize this year, it would've been "Best Tumbling Catch Against a Chain-Link Fence in a Playoff Game." Geoffrey had done just that against the Divers in the tight first contest of our playoff series. He'd gone so far back in the outfield that he almost disappeared from sight, and he'd looked so out of reach of the ball (which I couldn't see anymore) that I thought he missed it. I spat out, "Goddamn it!" before Blue said, "Out!" "You mean he caught that?" I asked Blue. "Yup," he said. So much for umpires being blind. "Holy crap," I said, wiping my glasses. I learned later that it was a difficult, juggled, awkward catch, but a catch nonetheless—and a huge out.)

This year, instead of awards, K.D. had planned on getting everyone a T-shirt that contained a graphic highlighting something about that person's personality or performance from the '04 season (I believe Moritz was to get a flying fish on his tee) and featured her unofficial slogan, "Vita breve, beve forte"—Latin for "Life is short, drink strong." We didn't get the shirts, but we held the ceremony anyway, which included my presenting to K.D. a Summit jersey with a "1" on the back, symbolizing our team's high estimation of her. Also, we enjoyed tons of quality meats and "crunchy water," played lots of *bocce* ball and horseshoes, and put an impressive dent in the keg.

The boys who stayed behind after everyone else had (wisely) left the party—Chris, Mike, Stan, Moritz, and I—eventually and inevitably were overcome by that most primal of man's booze-influenced instincts: the instinct to grab and hold and wrestle other beer-addled men. Luckily, Courtney has a vast amount of patience and a great sense of humor, as well as a large patch of fall-breaking grass behind her house. Bathed in twilight, we besotted boys randomly and often unexpectedly attacked and knocked one another over. At one point, we had to stop to explore the grass for one of my lenses, which had been knocked out of my glasses while I grappled with the wiry Chris. (The lens would never be found.) We continued to wrestle till we had drunk all of the beer, and then someone got the bright idea of moving the party out of the twilight and into the nearby Twilight Exit bar.

The six of us found an outdoor table in the same back area of the Twilight in which the barbecue had been set up for the Core League All-Star barbecue. After a pint or two, I made the mistake of ordering and sticking with whiskey. I had been fired from my job only three days earlier (from calling in sick, don't you know), and now—after a fairly inexpensive party at Courtney's—I was at a bar spending my job-severance money.

Upon first entering the Twilight, I had noticed a young man in an oversize #55 Hideki Matsui jersey, and I made a point of telling him that Matsui was my favorite Yankee (which might or might not be true). After an umpteenth whiskey, I sauntered up to the young man and offered to buy from him the jersey, which I finally got in exchange for $60 in job-severance cash and a "1918" (anti–Red Sox) canvas baseball cap that Bad Juju barkeep Frank Bednash had gotten for me while in New York. ("Iss a collectible," I assured the young man, spittling Jameson in his direction.) The Matsui jersey

174

would come in handy twice—first when I would use it to pay off a $100 debt that I had incurred from stupidly betting Frank that Martin Scorsese was not in *Mean Streets*, and then when Frank presented it as a Christmas present to his girlfriend's dad (whose favorite Yankee was, indeed, Matsui).

After Stan had made sure that Courtney got home safe, the rest of us eventually stumbled out of the bar and went our separate ways—myself, with a pinstriped #55 Yankees jersey and hazy memories of the miracle softball season that almost was.

Epilogue:
A Tale of Two City Leagues.

"ONE OR TWO LEAGUES" WAS THE subject of the e-mail that Core League Commissioner Mark Mendez sent to team captains on October 28, 2004. The accompanying document was titled "Should we split the league?" In it, Mendez argued that the "more-competitive teams" might not want to play and beat up on the "less-competitive teams," which in turn might not want to be blown out by the former. After much deliberation, some of the captains voted to split the league but keep the divisional format, others voted to split the league but maintain rivalries between certain teams, and others (like me) voted to keep the league together at all costs. My teammates also thought that if the league were to split, the Summit should remain in the fun, or "less-competitive," league.

I agreed with my team, because the so-called less-competitive teams were the ones with which we shared camaraderie both on and off the field. Players on the Garage, for whom winning was secondary to having a good time, were more sociable than players on the Blaspherions, for whom winning was everything and social skills were nearly nonexistent. In years past, we've shared more

176

drinks and smiles with members of the Venus than members of the Amish. There were exceptions on both sides of the equation, of course, but ultimately the decision was made that we should follow the fun.

Before Mendez and the team captains could reach an agreement, however, Ayala—who suddenly found himself cast off from the Divers—mutinied from the league and took the sub.–500 teams (that is, the teams whose winning records were equal to or lower than their losing records) along with him, thus creating a new league, with himself as commissioner.

I notified Mendez that we were going with Ayala's league (it comprised most of the fun teams), only to learn that Ayala hadn't considered inviting us to his new league. He thought that our team was too good. Why had I been so presumptuous? And didn't the "less-competitive" teams enjoy playing our team? Wouldn't they want us in their league? Talk about a kick in the *cojones*. Then I learned that Ayala—who had yearned the entire season to rejoin the Summit—was making our entry into his league contingent on my allowing him back onto our team. But, if my teammates and I were sure about anything besides wanting to keep playing with the fun teams, it was that Ayala would *not* play on our team ever again.

So, the months would pass while Ayala bought me drinks and invited me to his weekly poker game and made insinuations to others on the team on his behalf and called me for other business. And now it was I who let the phone ring and took my time in getting back to him. Sure, I was being petty, but Ayala had made his bed a year earlier by jumping our team, and now it was time for me to tuck him in and kiss him goodnight. We would stay in the "more-competitive" league. That's OK, I thought. We *had* gotten much better, we *were* as good as Ayala implied that we were; I could give him that much.

(My desire to leave the Core League proved to be premonitory: Two years later, the new commissioner who replaced Mendez would skip town with nearly $4,000 in sundry fees and softball dues.)

With the league newly configured, I could look forward to having several questions answered. Had my first successful year as team captain been a fluke? Could the team, assuming that it stayed together, maintain its group harmony over a tougher schedule? Could we play competitively and still have a good time?

As of this writing, each of my teammates was returning for another season—the first time that we would have the same squad two years in a row. I hoped to learn other things about them, and myself. For example:

Had the team ever forgiven me for reneging on my word to dye my hair Summit-jersey blue? (And where can I get a good wig? The ones at Wigland are too expensive!)

What other superstitious rituals did we observe? And did they work?

Which of us would hit the first home run of his or her softball career? (Mine wouldn't come till three years later.)

Would I still be the heavy drinker that I now was, and, consequently, would I still be plagued by dissociative disorders? If so, how would they manifest themselves? And would they keep me from living a normal life or being social or being able to manage the team? On that note:

Doesn't anybody *else* wanna manage this here team?

How many more injuries could I sustain, before deciding to call it quits? (My shoulder and thumb are still killing me, and my left knee seems permanently to be partially numb.)

Finally, does the finest slow-pitch softball team in the world truly and proudly wear the dark-royal blue and athletic gold of the Summit, better known as the Blue and the Maize?

THE END

www.ingramcontent.com/pod-product-compliance
Lightning Source LLC
Chambersburg PA
CBHW020858090426
42736CB00008B/423